船舶洗舱水污染防治

刘　晨　陈荣昌　著

人民交通出版社股份有限公司
北　京

内 容 提 要

船舶洗舱水大多有毒有害，一旦未能得到有效接收和处置，直接或超标排入水体，将对近岸海域和内河水环境造成局部严重污染。因此，为保障洗舱水得到有效接收处置，提高船舶水污染防治水平，改善水域环境质量，需要加强洗舱水的环境管理工作。

本书主要对船舶洗舱水污染防治开展了相关研究，以期对船舶水污染防治工作提供有益的参考。

图书在版编目（CIP）数据

船舶洗舱水污染防治/刘晨，陈荣昌著.—北京：
人民交通出版社股份有限公司，2022.12
ISBN 978-7-114-18097-2

Ⅰ.①船… Ⅱ.①刘… ②陈… Ⅲ.①船舶—洗舱—水污染防治 Ⅳ.①U674

中国版本图书馆 CIP 数据核字（2022）第 122572 号

Chuanbo Xicangshui Wuran Fangzhi
书　　名：**船舶洗舱水污染防治**
著 作 者：刘　晨　陈荣昌
责任编辑：司昌静
责任校对：孙国靖　卢　弦
责任印制：张　凯
出版发行：人民交通出版社股份有限公司
地　　址：（100011）北京市朝阳区安定门外外馆斜街 3 号
网　　址：http://www.ccpcl.com.cn
销售电话：（010）59757973
总 经 销：人民交通出版社股份有限公司发行部
经　　销：各地新华书店
印　　刷：北京虎彩文化传播有限公司
开　　本：720×960　1/16
印　　张：8.5
字　　数：155 千
版　　次：2022 年 12 月　第 1 版
印　　次：2022 年 12 月　第 1 次印刷
书　　号：ISBN 978-7-114-18097-2
定　　价：69.00 元
（有印刷、装订质量问题的图书，由本公司负责调换）

前　言

近年来,船舶洗舱水违规处置屡禁不止,大量废水直接排入江河,造成河岸植被大面积死亡,引发媒体高度关注。

洗舱水来自散装液体货物载运船舶的货舱洗舱作业。根据《船舶水污染物排放控制标准》(GB 3552—2018)中的相关术语和定义,洗舱水包括含货油残余物的油污水和含有毒液体物质的污水两类。本书所指的洗舱水即由于散装液体货物船舶货舱清洗产生的含货油残余物的油污水和含有毒液体物质的污水。

根据相关统计,2020 年我国长江水系内河港口完成货物吞吐量46.3 亿吨,其中液体散货吞吐量达 1.4 亿吨,危化品水路运输种类超过 200 种。2020 年长江干线散装液体化学品船由于换货、坞修等原因进行洗舱作业而产生的洗舱水达 71.2 万吨。

船舶洗舱水大多有毒有害,如未能得到有效接收处置,直接或超标排入水体,将对近岸海域和内河水环境造成局部严重污染。因此,为保障洗舱水得到有效接收处置,提高船舶水污染防治水平,改善水域环境质量,需要加强洗舱水的环境管理工作。

本书针对船舶洗舱水污染防治开展了相关研究,以期对船舶水污染防治工作提供有益的参考。船舶洗舱水污染防治的研究涉及诸多学科领域,本书只涉及其中一部分内容,难免有不足之处,还望读者给予批评指正。

作　者

2022 年 1 月于北京

目 录

第1章

船舶洗舱水的来源和危害

1.1　水运基础设施概况

我国是航运大国,水路运输是我国综合交通运输体系的重要组成部分。"十二五"以来,我国水运业坚持科学发展,保持了健康和持续发展的良好态势。

1.1.1　内河航道

根据交通运输部《2021 年交通运输行业发展统计公报》,2021 年年末全国内河航道通航里程 12.76 万 km,等级航道通航里程 6.72 万 km,占总里程比重为 52.7%,其中三级及以上航道通航里程 1.45 万 km,占总里程比重为 11.4%,如图 1-1 所示。

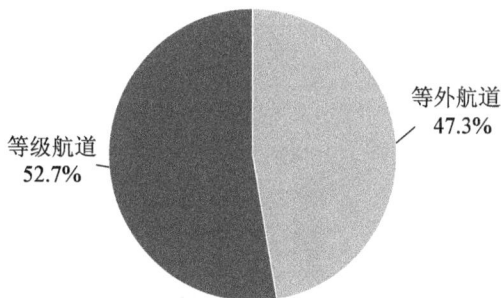

等外航道
47.3%

等级航道
52.7%

图 1-1　2021 年年末全国等级航道占比

各等级内河航道通航里程分别为：一级航道 2106km，二级航道 4069km，三级航道 8348km，四级航道 11284km，五级航道 7602km，六级航道 16849km，七级航道 16946km，如图 1-2 所示。等外航道 6.04 万 km。

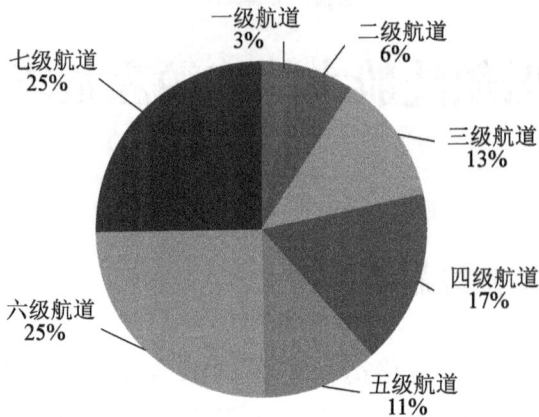

图 1-2　2021 年年末各等级内河航道通航里程占比

各水系内河航道通航里程分别为：长江水系 64668km，珠江水系 16789km，黄河水系 3533km，黑龙江水系 8211km，京杭运河 1423km，闽江水系 1973km，淮河水系 17500km，如图 1-3 所示。

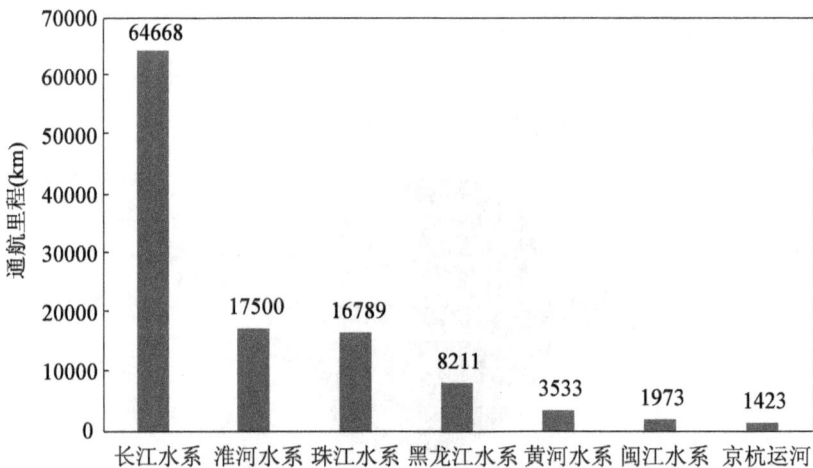

图 1-3　2021 年年末各水系内河航道通航里程

1.1.2 港口

2021 年年末,全国港口生产用码头泊位 20867 个,其中沿海港口生产用码头泊位 5419 个,内河港口生产用码头泊位 15448 个。全国港口万吨级及以上泊位 2659 个。从分布结构看,沿海港口万吨级及以上泊位 2207 个,内河港口万吨级及以上泊位 452 个,如表 1-1 所示。从用途结构看,专业化万吨级及以上泊位 1265 个,通用散货万吨级及以上泊位 596 个,通用件杂货泊位 421 个,如表 1-2、图 1-4 所示。

2021 年年末全国港口万吨级及以上泊位数量(单位:个) 表 1-1

泊位吨级	全国港口年末数	沿海港口年末数	内河港口年末数
1～3 万吨级 (不含 3 万)	875	687	188
3～5 万吨级 (不含 5 万)	447	321	126
5～10 万吨级 (不含 10 万)	874	748	126
10 万吨级以上	463	451	12
合计	2659	2207	452

2021 年年末全国万吨级及以上泊位构成(单位:个) 表 1-2

泊位用途		数量
专业化泊位	集装箱泊位	361
	煤炭泊位	272
	金属矿石泊位	85
	原油泊位	93
	成品油泊位	146
	液体化工泊位	270
	散装粮食泊位	38

续上表

泊位用途	数量
通用散货泊位	596
通用件杂货泊位	421

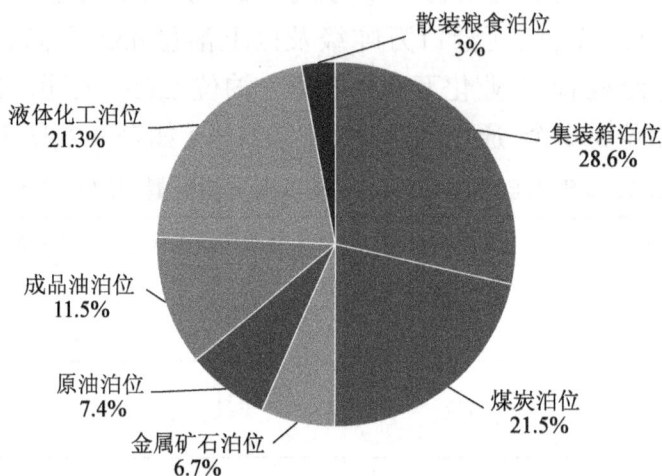

图 1-4　2021 年年末全国万吨级及以上专业化泊位构成

1.2　船舶概况

1.2.1　船舶种类

按照不同的分类方式,船舶可分为不同类型。

(1)根据用途,船舶可分为民用船和军用船。

其中,民用船舶按用途的不同,可分为运输船舶、渔业船舶、工程船舶、海洋调查船、钻井平台等。

①运输船舶可分为货运船舶、客运船舶和客货船舶。

货运船舶按照货运种类、运输方式及装卸方法,可分为散杂货船、集装箱船、滚装船、散货船、油船、液化天然气船等。

②渔业船舶可分为生产渔船和辅助渔船等。

③工程船舶可分为挖泥船、起重船、救助打捞船、浮船坞等。

（2）按航行的区域,船舶可分为远洋船舶、江海直达船舶、沿海船舶和内河船舶等。

（3）按照有无自航能力,船舶可划分为机动船、非机动船、机帆船等。

1.2.2 营运船舶概况

根据交通运输部《2021 年交通运输行业发展统计公报》,截至 2021 年年末,全国拥有水上运输船舶 12.59 万艘,其中内河船舶 11.36 万艘,沿海船舶 1.09 万艘,远洋船舶 1402（表 1-3）艘。2016—2021 年,我国水上运输船舶数量变化情况如图 1-5 所示。

2021 年年末全国船舶分航区统计情况表 表 1-3

航区	船舶数量 （万艘）	净载重量 （万吨）	载客量 （万客位）	集装箱箱位 （万 TEU）
内河运输船舶	11.36	14676.92	59.45	48.37
沿海运输船舶	10891	8885.61	23.91	62.45
远洋运输船舶	1402	4870.09	2.42	177.62

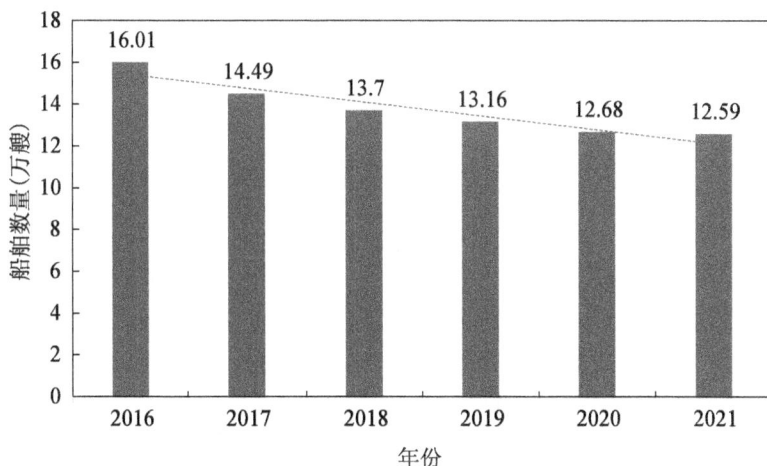

图 1-5 2016—2021 年我国水上运输船舶数量变化情况(万艘)

水上运输船舶总净载重量28432.63万吨,平均净载重量2258.35吨/艘,载客量85.78万客位,集装箱箱位288.43万标准箱(TEU)。根据全国船舶登记情况,我国沿海船舶400总吨以上为1万艘,内河船舶400总吨以上为6万艘。2016—2021年我国水上运输船舶净载重量变化情况如图1-6所示。

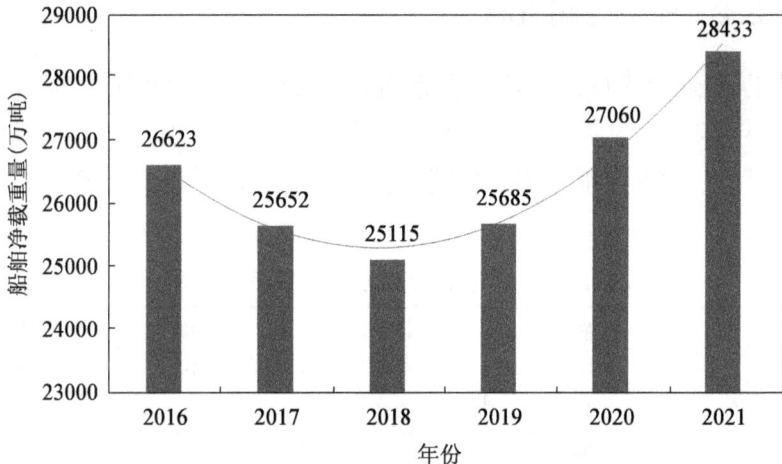

图1-6　2016—2021年我国水上运输船舶净载重量变化情况(万吨)

1.3　水路运输概况

根据交通运输部《2021年交通运输行业发展统计公报》,2021年全年全国港口完成旅客吞吐量4773.64万人,其中,内河港口完成121.87万人,沿海港口完成4651.77万人。全年全国港口完成货物吞吐量155.46亿吨,其中,内河港口完成55.73亿吨,沿海港口完成99.73亿吨。完成集装箱铁水联运量754万TEU(图1-7)。2021年全国港口货物吞吐量外贸内贸占比情况如图1-8所示,各类货物吞吐量占比情况如图1-9所示。

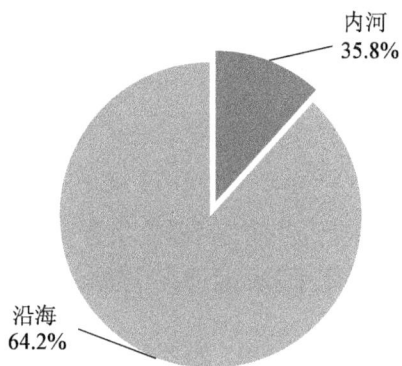

图 1-7 2021 年全国港口货物吞吐量内河沿海占比情况

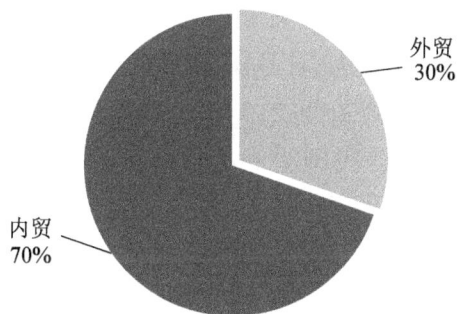

图 1-8 2021 年全国港口货物吞吐量外贸内贸占比情况

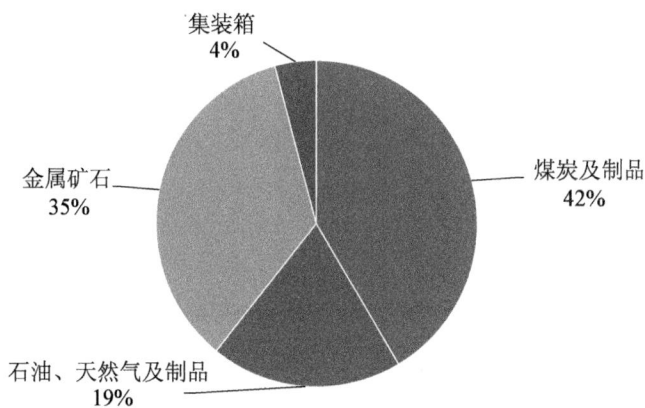

图 1-9 2021 年全国港口各类货物吞吐量占比情况

1.4 船舶与水路运输概况

1.4.1 营运船舶现状

我国是航运大国,水路运输是我国综合交通运输体系的重要组成部分。"十二五"以来,我国水运业坚持科学发展,保持了健康和持续发展的良好态势。

根据交通运输部《2020 年交通运输行业发展统计公报》,截至 2020 年末,全国拥有水上运输船舶 12.68 万艘,其中内河船舶 11.5 万艘,沿海船舶 1.04 万艘,远洋船舶 1499 艘。2016—2020 年,我国水上运输船舶数量变化情况如图 1-10 所示。水上运输船舶总净载重量 27060.16 万吨,平均净载重量 2134.08 吨/艘,载客量 85.99 万客位。根据全国船舶登记情况,我国沿海船舶 400 总吨以上为 1 万艘,内河船舶 400 总吨以上为 6 万艘。

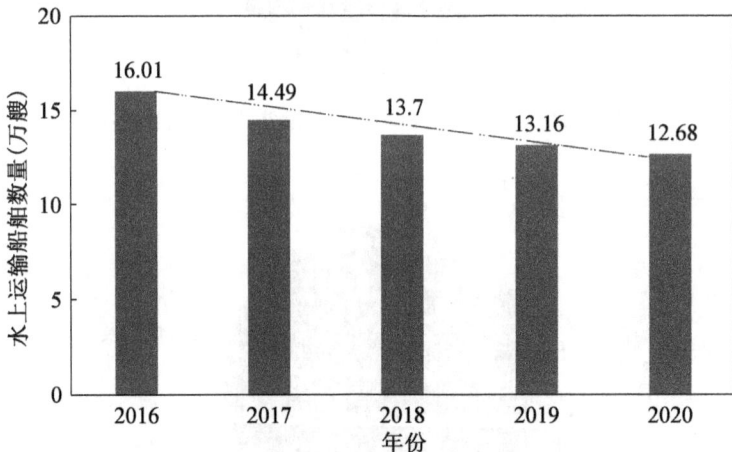

图 1-10 2016—2020 年我国水上运输船舶数量变化情况

1.4.2 水路运输现状

根据交通运输部《2020 年交通运输行业发展统计公报》,2020 年我国水路运输货运量 76.16 亿吨,其中,内河货运量 38.15 亿吨,海洋货运量 38.01 亿吨,完成客运量 1.50 亿人;全国港口完成旅客吞吐量 4418.8 万人,其中,内河港口完成 74.6 万人,沿海港口完成 4344.2 万人;全国港口完成货物吞吐量 145.50 亿吨,其中,内河港口完成 50.70 亿吨,沿海港口完成 94.80 亿吨。

1.5　船舶载运散装液体货物的分类

1.5.1　油品分类

根据《国际防止船舶造成污染公约》(简称 MARPOL 公约)❶附则Ⅰ,油类是指包括原油、燃油、油泥、油渣和炼制品在内的任何形式的石油。油品分类详见表1-4。

1.5.2　有毒液体物质分类

1)MARPOL 公约附则Ⅱ

MARPOL 公约附则Ⅱ经多次修正,对载运有毒液体物质船舶的货物洗舱和排放进行了规范性要求。附则将有毒液体物质分为四类,分别为 X 类、Y 类、Z 类和 OS 类。

X 类是指如从洗舱或卸载作业中排放入海,将对海洋资源或人类健康产生重大危害的物质,因此禁止其排放入海。

Y 类是指如从洗舱或卸载作业中排放入海,将对海洋资源或人类健康产生危害,或者对海上休憩环境或其他合法利用造成危害的物质,因此严格限量其排放入海。

Z 类是指如从洗舱或卸载作业中排放入海,将对海洋资源或人类健康产生较小危害的物质,因此限量其排放入海。

---

❶　MARPOL,即 International Convention for the Prevention of Pollution from Ships 的缩写。

油 品 分 类

表 1-4

沥青溶液	汽油混合料类
混合油料	烷基化燃料
屋顶用柏油	重整油
直溜渣油	聚合燃料
油类	**汽油类**
澄清油	天然汽油
原油	车用汽油
含原油的混合物	航空汽油
柴油	直馏汽油
4 号燃料油	1 号燃料油(煤油)
5 号燃料油	1-D 号燃料油
6 号燃料油	2 号燃料油
残余燃料油	2-D 号燃料油
铺路沥青	**喷气燃料**
变压器油	JP-1(煤油)喷气燃料
芳烃油类(不包括植物油)	JP-3 喷气燃料
润滑油和调和油料	JP-4 喷气燃料
矿物油	JP-5(煤油,重质)喷气燃料
马达油	燃气轮机燃料
渗透润滑油	煤油
锭子油	矿物溶剂油
透平油	**石脑油**
馏分油	溶剂
直馏油	石油
闪蒸原料油	窄馏分油
轻柴油	—
裂化轻柴油	—

　　OS 类是指在《国际散装运输危险化学品船舶构造和设备规则》(简称 IBC 规则[1])第 18 章的污染物质种类列表中被标为"OS",经评定不属于该附则Ⅱ第 6.1 条定义的 X 类、Y 类或 Z 类范围的物质,且目前

---

　　[1]　IBC 规则,即 International Code for the Constraction and Equipment of Ships Carrying Dangerous Chemicals in Bulk 的缩写。

这些物质如从洗舱或卸载作业中排放入海不会对海洋资源、人类健康、海上休憩环境或其他合法利用产生危害。仅含有这类"其他物质"的舱底水、压载水、其他残余物或混合物的排放不必符合附则Ⅱ的任何要求。

X类、Y类、Z类物质的污染种类是根据"海洋污染科学问题专家组危害示意表"（GESAMP Hazard Profile）基于对物质特性的评估而得出的,见表1-5。

X 类、Y 类、Z 类物质的污染种类判定准则　　表 1-5

规则	A1 生物积聚	A2 生物降解	B1 急性毒性	B2 慢性毒性	D3 长期健康 影响	E2 对海洋野生物 和对深海生物 栖息地的影响	类别
1			≥5				X
2	≥4		4				
3		NR	4				
4	≥4	NR			CMRTNI （相关标注）		
5			4				Y
6			3				
7			2				
8	≥4	NR		不是0			
9				≥1			
10						Fp、F 或 S 如果非无机物	
11					CMRTNI （相关标注）		
12	不符合第 1 至 11 和 13 规则的任何产品						Z

续上表

规则	A1 生物积聚	A2 生物降解	B1 急性毒性	B2 慢性毒性	D3 长期健康 影响	E2 对海洋野生物 和对深海生物 栖息地的影响	类别
13	"海洋污染科学问题专家组危害示意表"(GESAMP Hazard Profile)中,所有指定的产品:A1 栏为≤2;A2 栏为 R;D3 栏为空格;E2 栏为非 Fp、F 或 S(如果非无机物);所有的其他栏为 0						OS

2)IBC 规则

IBC 规则的第 17 章和第 18 章一览表列明了 X 类、Y 类和 Z 类物质共 744 种,由于该规则定期修订,故该名录处于持续更新中。另外,不属于上述名录中的物质,按照 MARPOL 附则Ⅱ第 6.3 条,可能暂时被评定为 X 类、Y 类或者 Z 类,则进一步增加了有毒液体物质范围的不确定性。

国际海事组织海上安全委员会和海洋环境保护委员会分别在其第 101 届和第 74 届会议上通过了 IBC 规则 2019 年修正案,并于 2021 年 1 月 1 日对我国生效。为做好该修正案的执行工作,中华人民共和国海事局发布了"关于执行《国际散装运输危险化学品船舶构造和设备规则》2019 年修正案有关事项的通知"。根据该文件,列举了部分 X 类、Y 类、Z 类物质的名录,见表 1-6。

部分 X 类、Y 类、Z 类物质的名录　　　　　表 1-6

序号	名　　称	类别
1	乙草胺 Acetochlor	X
2	甲草胺(90% 或以上) Alachlor technical(90% or more)	X

续上表

序号	名　　称	类别
3	烷烃类(C6-C9) Alkanes(C6-C9)	X
4	烷基(C11＋)胺 Alkenyl(C11＋)amide	X
5	烷芳基磷酸酯混合物(二苯甲苯基磷酸酯40%以上, 邻位异构物0.02%以下) Alkyl aryl phosphate mixtures(more than 40% Diphenyl tolyl phosphate, less than 0.02% ortho-isomers)	X
6	烷基苯混合物(含萘) Alkyl benzenes mixtures(containing naphthalene)	X
7	烷基(C5-C8)苯 Alkyl(C5-C8)benzenes	X
8	烷基(C12＋)二甲胺 Alkyl(C12＋)dimethylamine	X
9	烷基(C12-C16)丙氧基胺乙氧基化物 Alkyl(C12-C16)propoxyamine ethoxylate	X
10	叔戊基甲基醚 tert-Amyl methyl ether	X
11	苯胺 Aniline	Y
12	芳基聚烯烃(C11-C50) Aryl polyolefins(C11-C50)	Y
13	苯和含苯10%或以上的混合物(i) Benzene and mixtures having 10% benzene or more(i)	Y
14	苯磺酸氯 Benzene sulphonyl chloride	Y

续上表

序号	名　称	类别
15	苯三羟酸,三辛基酯 Benzenetricarboxylic acid,trioctyl ester	Y
16	乙酸苄酯 Benzyl acetate	Y
17	苯甲醇 Benzyl alcohol	Y
18	苄基氯 Benzyl chloride	Y
19	二(2-乙基己基)对苯二甲酸 Bis(2-ethylhexyl)terephthalate	Y
20	乙酸丁酯(所有异构体) Butyl acetate(all isomers)	Y
21	叔丁醇 tert-Butyl alcohol	Z
22	丁二醇 Butylene glycol	Z
23	甲基丙烯酸丁酯 Butyl methacrylate	Z
24	烷芳基磺酸钙(C11-C50) Calcium alkaryl sulphonate(C11-C50)	Z
25	木质素磺酸钙溶液 Calcium lignosulphonate solutions	Z
26	硝酸钙/硝酸镁/氯化钾溶液 Calcium nitrate/Magnesium nitrate/Potassium chloride solution	Z

序号	名　　称	类别
27	硝酸钙溶液(50%或以下) Calcium nitrate solution(50% or less)	Z
28	2-或 3-氯丙酸 2-or 3-Chloropropionic acid	Z
29	柠檬酸(70%或以下) Citric acid(70% or less)	Z
30	环己酮 Cyclohexanone	Z

3)根据性质分类

(1)化学品按凝固程度,可分为凝固物质和非凝固物质。

凝固物质:当其熔点小于15℃时,卸货温度不超过其熔点5℃;当其熔点大于等于15℃时,卸货温度不超过其熔点10℃。

非凝固物质:不是凝固物质的有毒液体物质。

(2)化学品按黏度,可分为高黏度物质和低黏度物质。

高黏度物质:指在卸货温度时黏度不小于50mPa·s的 X 类或 Y 类有毒液体物质。

低黏度物质:非高黏度物质的有毒液体物质。

1.6　洗舱水概况

1.6.1　洗舱水的范围

洗舱水来自散装液体货物载运船舶的货舱洗舱作业,按照《船舶水污染物排放控制标准》(GB 3552—2018)中的相关定义,洗舱水包括含货油残余物的油污水和含有毒液体物质的污水两类。对于干散货载运船舶,在货舱清扫、清舱、排除雨水等操作中产生的污水也属于广义洗舱水范畴。

考虑到社会公众关注度及环境危害特性,通常将洗舱水定义为由于散装液体船舶货舱清洗产生的含货油残余物的油污水和含有毒液体物质的污水。由于国内不同行业对于化学品有不同的名录和名称,因此"洗舱水"也被称为"危化品洗舱水""化学品洗舱水""化工品洗舱水"等,本书统一称为"洗舱水"。

1.6.2　洗舱水的来源和去向

洗舱水的来源主要有两类:一是散装液货船换货洗舱产生的洗舱水,二是进坞维修前清洗货舱产生的洗舱水。其中,换货产生的洗舱水占总量的70%以上。

换货洗舱的方式根据船舶是否自带洗舱设备有所区别,对于内河船,基本没有自洗舱设备,需要洗舱站或洗舱船提供蒸汽、淡水及移动式洗舱机进行洗舱,洗舱水需要上岸接收;海船带有自洗舱设备,对于载运 X 类物质、高黏度 Y 类物质以及未能按规定程序卸货的 Y 类、Z 类物质的船应在离开卸货港之前进行洗舱,洗舱水必须上岸接收,其他情况可将洗舱水临时储存在船上,按规定在外海排放。

洗舱水的来源和去向示意图如图 1-11 所示。

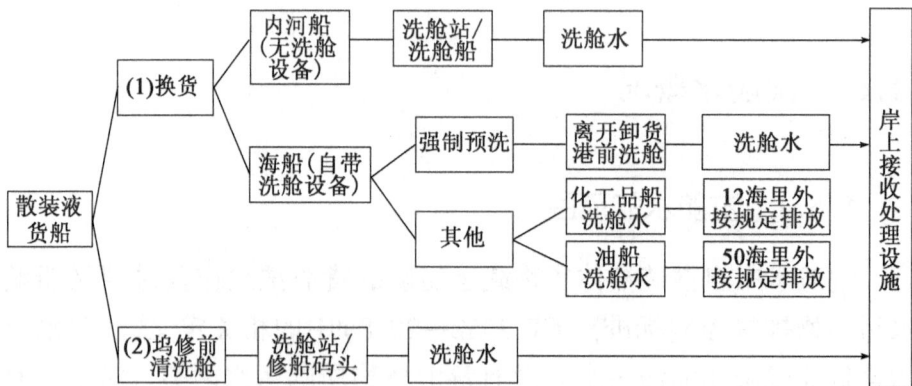

图 1-11　洗舱水的来源和去向示意图

船舶进厂修理或液货舱内进行临时性内部检验和修理,在修理和检验之前,液货舱、泵间及所有有关管路都要进行清洗,随后进行除气作业,以使舱内的有毒和/或易燃货物气体浓度和含氧量符合进舱与舱内作业标准。在一些情况下,为了能在货舱内压载,船舶也需要进行洗舱作业,也会产生部分洗舱水。

1.6.3 洗舱要求

(1)载运 X 类和 Y 类高黏度货物或凝固物质,卸货完毕离泊前需要强制预洗。

(2)下一航次更换货种,与上航次货物不相容,品质不同,如上一航次装载苯类,下一航次装载酯类,船舶航行途中进行洗舱作业。

(3)无须洗舱的情形:下一航次继续装载同一种货物;下一航次更换货种,但与上一航次货物相容,且品质较低;适用于通风程序的货物(20℃时蒸汽压力超过 5kPa);强制预洗免除。

1.6.4 洗舱水排放控制要求

1.6.4.1 含油洗舱水

按照 MARPOL 公约及《船舶水污染物排放控制标准》(GB 3552—2018),船舶含货油残余物的油污水排放控制要求见表 1-7。

1)沿海

沿海 150 总吨及以上油船,含货油残余物的油污水自 2018 年 7 月 1 日起,收集并排入接收设施或有条件在船舶航行中排放。150 总吨以下油船含货油残余物的油污水,自 2018 年 7 月 1 日起,收集并排入接收设施。

2)内河

根据《船舶水污染物排放控制标准》(GB 3552—2018),内河船舶含货油残余物的油污水自 2018 年 7 月 1 日起,收集并排入接收设施。

根据标准,船舶应当将含货油残余物的油污水送交接收设施。

船舶含货油残余物的油污水排放控制要求 表 1-7

污水类别	水域类别	船舶类别	排放控制要求
含货油残余物的油污水	内河	全部油船	自 2018 年 7 月 1 日起,收集并排入接收设施
	沿海	150 总吨及以上油船	自 2018 年 7 月 1 日起,收集并排入接收设施,或在船舶航行中排放,并同时满足下列条件: (1)油船距最近陆地 50 海里以上; (2)排入海中油污水含油量瞬间排放率不超过 30 升/海里; (3)排入海中油污水含油量不得超过货油总量的 1/30000; (4)排油监控系统运转正常
		150 总吨以下油船	自 2018 年 7 月 1 日起,收集并排入接收设施

1.6.4.2 化学品洗舱水

1)内河

目前,我国内河危化品船舶强制预洗制度尚未强制要求。为保证货品质量,以及防止不同货物之间的化学反应危及航行安全,货主一般要求船公司在更换不相容货物时进行洗舱或采取专船专用运输。此外,船舶上坞维修及检验也有洗舱需求。

《中华人民共和国防治船舶污染内河水域环境管理规定》《内河船舶法定检验技术规则(2019)》(以下简称《内河船检规则(2019)》)等部门规章和文件均禁止船舶向内河水体排放含有有毒液体物质及其残余物的压载水、洗舱水或者其他混合物。

(1)2017 年修正的《中华人民共和国水污染防治法》(以下简称《水污染防治法》)第五十九条规定了船舶装载运输油类或者有毒货物,应当采取防止溢流和渗漏的措施,防止货物落水造成水污染。

(2)《防治船舶污染内河水域环境管理规定》(2016 年 5 月 1 日

起实施)第十三条规定,禁止船舶向内河水体排放有毒液体物质及其残余物或者含有此类物质的压载水、洗舱水或者其他混合物。

(3)《内河船检规则(2019)》第 7 篇第 3 章第 2 节对排放控制要求有如下规定:"3.2.1.1　严禁把有毒液体物质的残余物或含有此类物质的压载水、洗舱水或其他混合物排放入水中。3.2.1.2　船上残存的有毒液体物质的残余物或含有此类物质的压载水、洗舱水或其他混合物应交由岸上处理。"

(4)根据《400 总吨以下内河船舶水污染防治管理办法》,载运散装液体危险货物的船舶卸货完毕后,应当按照《船舶载运危险货物安全监督管理规定》进行洗舱并将洗舱水送交接收设施。船舶应当将含有毒液体物质残余物的污水送交接收设施。

2)沿海

根据 MARPOL 公约及《船舶水污染物排放控制标准》(GB 3552—2018)的要求,沿海船舶按规定程序卸货,并按规定预洗、有效扫舱或通风后,含有毒液体物质的污水可在距最近陆地 12 海里以外(含)且水深不少于 25 米的海域按类别按要求排放。对于船舶在离开卸货港前预洗的情况,预洗产生的洗舱水应排入接收设施。

《远洋渔船法定检验技术规则》第十五篇"防止渔船造成污染的结构与设备"第 2 章中,2.2.3.1.8 条规定:任何含有在数量或浓度上会危害海洋环境的化学品或其他物质,或是借以违避本条所列排放条件的化学品或其他物质,均不得排放入海。

1.6.5　洗舱水处置现状

1)含油洗舱水

按照 MARPOL 公约及《船舶水污染物排放控制标准》(GB 3552—2018),含货油残余物的油污水在距最近陆地 50 海里以内要求排入接收设施,50 海里以外按要求排放。油船洗舱后的油污水可存放于污油舱,由舱底水的接收设施接收,且船舶含油污水的处理技术目前较为成熟,因此含油洗舱水基本处于可控范围。

2)化学品洗舱水

按照 MARPOL 公约及《船舶水污染物排放控制标准》(GB 3552—2018),含有毒液体物质的污水在距最近陆地 12 海里以内禁止排放,要求排入接收设施。12 海里以外按类别、按要求排放。

沿海危化品船舶大部分自带洗舱设备,一般不需要在洗舱站洗舱,洗舱水通常会选择在 12 海里以外有条件排放。内河船舶未配备自洗舱装置,洗舱作业依赖水上洗舱站。由于我国内河洗舱站总量少且功能不完善,洗舱水接收设施不足,相关的标准不健全且监管难度大,部分洗舱水去向不明。对于接收的化学品洗舱水,部分运送至化工园区处理,排放标准主要依据《石油化学工业污染物排放标准》(GB 31571—2015),也存在部分偷排漏排现象。

1.7　洗舱水危害

1.7.1　洗舱水的环境危害

洗舱水违规排放将破坏海洋环境的生物资源和生态环境,并对人类健康和休憩环境安全造成危害。

1)对生物资源的破坏

水域污染对于生物资源的影响是相当巨大的。有些化学品可干扰生物体的细胞组织,直接导致其死亡。另外,一些化学物质作用于生物体,虽未直接引起死亡,但却破坏了其生理或行为活动,以及产生某些生物和分子化学影响,或者沾染性影响。当一种生物吸收了其周围的一种化学品,致使它含有该化学品的浓度高于周围水中该物质的浓度,就会产生生物积聚。这种潜在的化学品具有特殊的危害性,尽管在短期内不会有损害,但时间长了就会在该生物体细胞组织内积聚更高浓度的化学品,从而造成中毒和损害。洗舱水会直接污染水域,这样的污染不仅难以恢复,使渔业产量和质量大幅下降,影响当地经济发展,还会影响到渔民的生产生活。

2)对生态系统的影响

一些化学品在环境中达到一定的浓度值后,可能对生态系统产生不利影响。例如,降低栖息地对自然生物的适宜性、因污染类型及其强度而使某些物种受到破坏、改变群落结构及降低生物的多样性、引起寿命较长的物种较大型迁居、出现寿命较短的幸存物种在数量上的大幅度变化。

3)对人类健康的危害

洗舱水如违规排放,将直接影响城市饮用水源,具有毒性的物质对人的皮肤、眼睛或呼吸道都会有严重影响。

4)休息环境的损害

休息环境包括用作休息、娱乐场地的水上环境的各个方面,也包括它的外观。休息环境被破坏主要是有毒的刺激性的或有难闻气味的物质存在的结果。

洗舱水的违规排放将造成的生态资源破坏、环境污染和经济损失以及随之引发的一系列社会问题都是极其严重的。我国港口经济的发展,吞吐量的增加,船舶通航密集度的上升,使化学品洗舱水的处置技术显得尤为重要。

1.7.2 典型化学品洗舱水的危害

海洋环境保护科学联合专家组(GESAMP)为协助 MARPOL 公约附则 Ⅱ 中危险化学品污染种类的确定,提出了船载化学品危害评估程序。该程序提供了一系列化学品的属性信息,涉及对水环境和人类健康的危害,有利于迅速获得危害信息,从而保护环境和人类健康。

GESAMP 提出的船载化学品危害评估程序分为五大项进行,即

ABCDE 五栏标准法,每一栏分析化学品的一类危害。

(1)A 栏

A 栏分析化学品的生物富集(A1)与生物降解性质(A2)。生物富集性采用辛醇/水分配系数(log Pow)和生物富集系数(BCF)描述。生物降解分为有机物和无机物,包括易生物降解有机物(R)、不易生物降解有机物(NR)、溶解性无机物(inorg. R)、不溶解性无机物(inorg. NR),详见表1-8。

A 栏:生物富集与生物降解　　　　　　表 1-8

A1 生物富集				A2 生物降解	
危险等级	描述	log Pow	BCF	危险等级	描述
0	无潜在生物富集危险	<1 或 ca.7 或 Mol. Wt > 1000	无测量值	R	易生物降解有机物
1	非常低的潜在生物富集危险	≥1 ~ <2	≥1 ~ <10	NR	不易生物降解有机物
2	低潜在生物富集危险	≥2 ~ <3	≥10 ~ <100	Inorg. R	溶解性无机物
3	中度潜在生物富集危险	≥3 ~ <4	≥100 ~ <500	Inorg. NR	不溶解性无机物
4	高潜在生物富集危险	≥4 ~ <5	≥500 ~ <4000		
5	非常高的潜在生物富集危险	≥5 ~ <ca.7	≥4000		

(2)B 栏

B 栏用以分析水生生物毒性,包括急性毒性(B1 栏)和慢性毒性(B2 栏)。急性毒性以半数致死浓度(LC_{50})、半数效应浓度(EC_{50})和半数抑制浓度(IC_{50})来衡量,数据来自实验室鱼类、甲壳动物和微藻实验。慢性毒性是指水生生物长期暴露危害物质所受到的影响,以无效应剂量(NOEC)表示。详细分级内容见表1-9。

B 栏:水生生物毒性　　表 1-9

B1 急性毒性			B2 慢性毒性		
危险等级	描述	LC_{50}、EC_{50} 和 IC_{50}（mg/L）	危险等级	描述	无效应剂量（NOEC,mg/L）
0	无危害性	>1000	0	可忽略	>1
1	实验无毒性	>100 ~ ≤1000	1	低	>0.1 ~ ≤1
2	轻度毒性	>10 ~ ≤100	2	中度	>0.01 ~ ≤0.1
3	中度毒性	>1 ~ ≤10	3	高	>0.001 ~ ≤0.01
4	高度毒性	>0.1 ~ ≤1	4	极高	≤0.001
5	极高毒性	>0.01 ~ ≤0.1			
6	极端毒性	≤0.01			

注:NOEC 英文全称为"no observed effect concentration"。

（3）C 栏

C 栏用于分析哺乳动物急性毒性(人类健康),包括口服毒性(C1栏)、皮肤接触毒性(C2 栏)和吸入毒性(C3 栏),采用急性毒性估计值(ATE)表示,详见表 1-10。

C 栏:哺乳动物急性毒性(人类健康)　　表 1-10

危险等级	描述	C1 急性口服毒性 LD_{50}/ATE（mg/kg）	C2 急性皮肤接触毒性 LD_{50}/ATE（mg/kg）	C3 急性吸入毒性 LC_{50}/ATE（mg/L）
0	无危害性	>2000	>2000	>20
1	轻度危害	>300 ~ ≤2000	>1000 ~ ≤2000	>10 ~ ≤20
2	中度危害	>50 ~ ≤300	>200 ~ ≤1000	>2 ~ ≤10
3	较高危害	>5 ~ ≤50	>50 ~ ≤200	>0.5 ~ ≤2
4	高度危害	≤5	≤50	≤0.5

（4）D 栏

D 栏用于分析刺激、腐蚀及长期健康影响,包括皮肤刺激和腐蚀(D1栏)、眼睛刺激和腐蚀(D2 栏)和长期健康影响(D3 栏),详见表 1-11。

D 栏:刺激、腐蚀及长期健康影响(人类健康)　　　表 1-11

D1 皮肤刺激和腐蚀			D2 眼睛刺激和腐蚀			D3 长期健康影响
危险等级	描述	症状	危险等级	描述	临床症状	关注内容
0	无刺激	无临床症状/无炎症	0	无刺激	无临床症状/无炎症	C-致癌; M-致突变; R-生殖毒性; Ss-皮肤致敏; Sr-呼吸系统过敏; A-吸入有害物; T-靶器官毒性; L-肺部损害; N-神经毒性; I-免疫系统中毒
1	轻度刺激	轻微红斑无浮肿,或有水肿(可快速恢复)	1	轻度刺激	轻度结膜充血、无球结膜水肿,或者有球结膜水肿(7 天可恢复)	
2	中度刺激	明显红斑;明显的水肿;其他局部受伤迹象	2	中度刺激	明显结膜充血,球结膜水肿,角膜损伤。以上症状 21 天内可恢复	
3	严重刺激或腐蚀	严重刺激,造成局部组织损伤;全层皮肤坏死,暴露时间未报道	3	严重刺激伴有不可逆角膜损伤	严重的睑缘炎,球结膜水肿,角膜损伤或类似症状。以上症状 21 天内不能完全恢复	C-致癌; M-致突变; R-生殖毒性; Ss-皮肤致敏; Sr-呼吸系统过敏; A-吸入有害物; T-靶器官毒性; L-肺部损害; N-神经毒性; I-免疫系统中毒
3A	腐蚀	全层皮肤坏死,暴露时间 1~4小时				
3B		全层皮肤坏死,暴露时间 3 分钟~1 小时				
3C		全层皮肤坏死,暴露时间不到 3 分钟				

（5）E 栏

E 栏用于分析对海洋的其他危害,包括对渔业污染（E1 栏）、野生动物及海底生境（E2 栏）和海岸应用舒适度的影响（E3 栏）。危害分级详见表 1-12。

E 栏:哺乳动物急性毒性（人类健康）　　　　表 1-12

E1 渔业污染	E2 野生动物及海底 生境的影响	E3 海岸应用舒适度的影响	
		危害等级	说明与措施
T:污染 NT:无污染	Fp:持久性漂浮物 F:漂浮物 S:下沉物质	0	无危害; 无警告
		1	轻度危害; 警告,不关闭休憩场所
		2	中度危害; 可能要关闭休憩场所
		3	高度危害; 关闭休憩场所

第2章
国内外洗舱水污染防治要求

2.1 国际公约要求

2.1.1 MARPOL 公约

国际海事组织制定的《国际防止船舶造成污染公约》（International Convention for the Prevention of Pollution from Ships，MARPOL 公约）是保护海洋环境的重要公约。MARPOL 公约有效地控制了由于海难事故、操作性排放和人为因素造成的海洋污染。该公约共有 6 个附则，其中附则 Ⅱ 为《控制散装有毒液体物质污染规则》。

1) 预洗规定

按照 MARPOL 公约附则 Ⅱ 第 13 条的要求，下列情况下的船舶在离开卸货港之前应进行预洗（满足免除预洗条件的除外❶）：

载运 X 类物质的船舶；

载运 Y 类物质中的高黏度或凝固性物质的船舶；

---

❶ 预洗的免除。

　当满足下列条件，应船长的申请，接收方政府应可以免除预洗的要求：

　a. 卸货的液货舱再次装载同样的物质或装载与前一物质相溶的另一种物质；且在装货之前，该舱不予清洗或压载；

　b. 卸货的液货舱在海上既不清洗与不压载，在另一港按本条适用的要求进行预洗，条件是有书面确认该港设有接收设施，并且足以用于此种接收；

　c. 液货残余物将由主管机关批准的符号本附则附录 7 要求的通风程序予以清除。

载运 Y 或 Z 类物质,但因一些特殊原因,卸货未按《程序与布置手册》(P&A MANUAL)的要求进行作业的船舶。

2)排放规定

定义或暂定为 X 类、Y 类、Z 类的物质,或含有此类物质的压载水、洗舱水,或含有其他此类物质的混合物应禁止排放入海,除非这种排放完全按照本规则附则中适用的操作性要求进行。

在按本规定进行任何预洗或排放程序之前,相关舱室应按照手册中规定的程序排空至最大限度。

未经分类,或未经暂时分类,或未按有毒液体物质及其他物质的分类予以评定的物质,或含有这种物质的压载水、洗舱水,或其他含有此类物质的混合物应禁止载运及排放入海。

3)排放标准

定义或暂定为 X 类、Y 类、Z 类的物质的残余物或含有此类物质的压载水、洗舱水或其他含有此类物质的混合物允许排放入海,但应遵守以下排放标准:

(1)船舶在航行途中,如系自航船,航速至少为 7 节;如系非自航船,航速至少为 4 节。

(2)在水线以下通过水下排出口排放,排出速度不超过排出口的最大设计速率。

(3)在距最近陆地不少于 12 海里和水深不少于 25m 处排放。

对于 2007 年 1 月 1 日之前建造的船舶,Z 类或暂定为 Z 类物质的残余物或含有此类物质的压载水、洗舱水或其他含有此类物质的混合物的水下排放是非强制性的。

4)X 类物质残余物的排放

除 3)的规定以外,其排放还应符合以下规定:

(1)船舶在离开卸货港前应对卸载 X 类物质的货舱进行预洗,其所产生的残余物应排入接收设备,直至检查员抽样分析表明排往此类接收设备的液体中该物质的浓度等于或低于重量比的 0.1%。当达到浓度水平的要求时,剩下的洗舱液应继续排放到接收设备,直至该舱排空。此类作业应在"货物记录簿"上做相应的记录,且由检查员签署。

(2)随后注入该舱的任何水可以按3)的排放标准排放入海。

(3)如果接收方的缔约国政府确信,测量排出物中的物质浓度,不可能不造成船舶的延误时,该缔约国可接受一种替代程序作为同样可以达到(1)中要求的浓度的等效措施,条件是:

液货舱是按经主管机关批准的符合公约要求的程序进行预洗。

此类作业在"货物记录簿"上做相应的记录,且由检查员签署。

5)Y类和Z类物质残余物的排放

除3)的规定以外,其排放还应符合以下规定:

(1)对于Y类和Z类物质残余物的排放程序应适用于3)中的排放标准。

(2)如果Y类或Z类物质的卸货没有按照手册进行,船舶应在离开卸货港之前进行预洗,除非已采取使检查员满意的可将船上的液货残余量减少到规定的数量的替代措施。预洗产生的洗舱水应排放到卸货港的接收设备或是另一港的接收设备,如已书面确认该港设有接收设备,且足以用于此种接收。

(3)对于Y类物质中的高黏度或凝固物质应适用以下规定:

①应遵守规定的预洗程序。

②预洗过程中产生的残余物/水的混合物,应排放到接收设施直至该舱排空。

③随后注入该舱的任何水可以按3)的排放标准排放入海。

6)接收设施要求

(1)公约要求,各缔约国政府承担义务保证为满足船舶使用其港口、装卸站或修理港的需要而提供如下接收设施:货物装卸港、站应设有足够的设施,以接收船舶由于执行附则Ⅲ而留待处理的有毒液体物质残余物和含有此类物质的混合物;从事NLS(有毒液体物质)

船舶修理的船舶修理港应为停靠船舶提供足够设施,以接收有毒液体物质残余物和含有此类物质的混合物。

(2)各缔约国政府应确定其在领土内的每一货物装卸港、站和船舶修理港为执行(1)所提供的设施形式,并通知国际海事组织。

(3)每一缔约国政府应承担保证在卸货站提供设施,以便在这些站卸载有毒液体物质的船舶进行液货舱扫舱。装卸站的货物软管及管路内由船上卸出供接收的有毒液体物质不得返回船上。

2.1.2　IBC 规则

船舶洗舱水属有毒液体物质范畴。有毒液体物质是指排入水体将对水资源或者人类健康产生危害或者对合法利用水资源造成损害的物质,包括在 IBC 规则的第 17 或 18 章的污染种类列表中标明的或者暂时被评定为 X、Y 或者 Z 类的任何物质。根据公约、法规及标准规范的要求,含有毒液体物质的污水在内河及距最近陆地 12 海里以内的海域均禁止排放。

2.2　发达国家及地区要求

2.2.1　欧洲

2.2.1.1　欧盟

欧盟目前制定了水框架指令,作为水资源管理法规的基础性框架,提出了预防为主、源头治理优先、污染者付费和补偿、可持续发展、新技术的应用和发展、污染不转移的水资源保护原则。在流域层面,涉及船舶污染防治的,主要是《欧盟内河航行船舶技术要求》,其中包含了船上污染防治要求,由欧洲内河航行标委会制定和管理。

2.2.1.2 莱茵河

莱茵河是一条跨境国际内河,流经 9 个国家,涉及欧盟、流域和沿线国对该内河的管理。莱茵河流域,涉及船舶污染防治的,主要是《欧盟内河航行船舶技术要求》和《莱茵河及其他内河航道船舶污染物收集、储存和接收公约》(简称 CDNI 公约)。

CDNI 公约对于船舶产生的所有污染物的处置,分别针对船舶、港口和接收设施提出了要求。CDNI 公约将污染物分为三大类,其中化学品洗舱水属于 Part B 部分。

CDNI 公约关于液货船卸货和洗舱水接收的技术标准,包括《液货船扫舱系统技术要求》《卸货标准及含货物残余物洗舱水的储存和接收要求》,主要要求液体货物船留存"卸货证明"。除此以外,CDNI 要求接收站位于卸船码头附近,或船舶前往下一装卸地点的途中;货物承运方的价格已包含洗舱水处置费用,船长负责洗舱水处置作业。

《液货船扫舱系统技术要求》规定了液货船在正常装卸程序结束后,对残留液货进行扫舱的技术要求。《卸货标准及含货物残余物洗舱水的储存和接收要求》是 CDNI 公约的技术性附件。该技术标准将内河运输的货物分为十大类,共 297 个条目,几乎可覆盖所有货物,如表 2-1 所示。

按洗舱及洗舱水处置技术要求进行的货物分类　　　　表 2-1

序号	名称	条目数
1	农林产品(含活牲畜)	40
2	其他食品和饲料	54
3	固体矿物燃料	7
4	成品油、原油及其制品、气体,细分四类: (1)原油; (2)燃料和加热油; (3)天然气、精炼气等气体; (4)非燃料衍生物,未列明	18

序号	名称	条目数
5	矿石和金属废料	25
6	铁及非铁金属(含半成品)	37
7	砂石料(含建筑材料)	57
8	化肥	17
9	化学品,细分五类: (1)化学基本物质; (2)氧化铝和氢氧化物; (3)苯、焦油等蒸馏产品; (4)纸浆和废纸; (5)其他化工产品(含淀粉)	32
10	车辆、机械、其他成品、半成品、运输杂件	10

为了使 CDNI 公约在流域范围内得以有效实施,莱茵河中央管理委员会推出了 CDNI 信息系统,包括法规信息查询、污染物接收站信息服务、技术标准指南以及电子收费系统。但 CDNI 的电子收费系统只针对所有船舶都会产生的油污水等污染物,不含洗舱水。

2.2.1.3 英国

根据英国法规《1996 年商船(危险货物或散装有毒液体物质)条例》,英国海事与海岸警卫署(UKMCA)的人员不承担船舶检查工作。为履行 MARPOL 公约附则Ⅱ规定的义务,UKMCA 受理第三方人员的申请,符合条件的将获得授权,注册成为检查员,并实行年度登记制度。UKMCA 规定了检查员和被检查船舶的义务及作业要求,检查员仅在船东或其代理的要求下才到场对洗舱水取样和分析,以确定是否已经满足公约的要求。检查员可以就其提供的服务收费,收费标准由船长和检查员协议确定。

2.2.2 北美

2.2.2.1 美国

在美国,洗舱废水可由港口接收或由专业洗舱公司、废品管理公司、化学制造品公司等部门接收,然后用固定的管道系统或汽车、船舶等设备将废液运输到废水处理厂进行处理。

为保护美国的水资源免受船舶污染物的危害和减少外来生物入侵,美国国家环保总局(USEPA)发布了《船舶通用许可》(*Vessels general permit*,VGP)。但化学品洗舱水的管理不在 VGP 范围内,而在《美国联邦法典》(*Code of Federal Regulations*,CFR)中。

CFR 是一部汇编所有美国行政立法以及行政管制机构法规的法典。CFR 的第 33 篇主题是"通航水域",该主题下共分三卷、3 章、共 499 部。其中 1 ~ 199 部为第 1 章"国土安全部海岸警卫队"。O 分章中的"污染"部分中,第 151 部为"运载石油、有毒液体物质、垃圾、城市或商业废物和压载水的船只"。第 151 部的 A 子部分为《73/78 防污公约》和《南极条约关于船舶污染的环境保护议定书》的执行情况,其中"有毒液体物质污染"条目下的第 43 条为"对于 NLS 残留物排放控制",要求除特殊许可外,NLS(有毒液体物质)残留物要保留在船上或排入接收设施。如果 NLS 货物或 NLS 残留物将在美国的港口或码头转运,每艘运载 NLS 货物或 NLS 残留物的远洋船舶的船长或负责人应在进入港口或码头前至少 24 小时将船名、待卸 NLS 货物的名称、种类和体积等信息通知港口或码头。

CFR 的第 46 篇主题是"航行",该主题下共分九卷、4 章、共 599 部。其中 1 ~ 199 部为第 1 章"国土安全部海岸警卫队"。O 分章为"某些散装危险货物",其下的第 153 部为"运载散装液体、液化气或压缩气体危险品的船舶"。其下的"A、B、C、D类货物和NLS残留物的检验和处理"节中，要求残留物必须排放至接收设施。

2.2.2.2　加拿大

《加拿大航运法》(*Canada Shipping Act*)第9部分为"污染防治-运输"，其中对于污染物的排放提出了具体的要求。加拿大多数港口可接收化学品废水，有些港口仅用槽车收集废水，运送到较远的废水厂进行处理。有固定接收设施的港口，可处理能生物降解的石油类或石油化工类洗舱水，不能降解的送往其他地方处理。

2.2.3　澳大利亚

澳大利亚相关的法规是93号海事令(*Marine Order* 93)，它用于防止船舶有毒液体物质污染。为便于检查员开展船舶检查工作，澳大利亚海事安全局(AMSA)制定了"检查员须知"。此外，AMSA还制作了《X类物质预洗检查表》，作为检查员到场检查的记录和收费依据之一。AMSA依据上述规定开展有毒液体物质的卸载、扫线和预洗操作的监督。AMSA检查员、第三方化学分析师共同履行监督、检验职责。AMSA检查员只有在卸载X类物质后才需要到场检查预洗情况。

对洗舱水进行取样分析的分析师由船方另行指定。AMSA认可任何由国家测试协会(NATA)认可的组织和其他具有相关设备和分析能力的单位执行洗舱水残余物取样分析的工作。检查员到场采取的控制措施仅限于按照P&A MANUAL执行预洗作业、确定化学分析师是否合格以及其取样过程和分析数据是否可信，并以在货物记录簿(*Cargo Record Book*, CRB)CRB上记录的形式予以证明。所有的操作以及相关决定都应由船方负责做出。

2.2.4 日本

日本关于防止海洋污染和海洋灾害的法律主要是《日本海岸警卫法》和相关规定。该法的第二章第二节为船舶排放有毒液体物质和其他物质的规定,要求除特殊情况任何人不得在海域从船舶排放有毒液体物质。对于运载有毒液体物质的船舶必须设置用于储存或处置船舶内的有毒液体物质的设备。运载有毒液体物质的船舶须具备有毒液体物质记录簿,保存期为三年。

2.3 国内要求

2.3.1 法律法规

1)《中华人民共和国环境保护法》

我国于1979年颁布了《中华人民共和国环境保护法(试行)》(主席令5届第2号,1979年9月13日颁布),最新修订的《中华人民共和国环境保护法》(以下简称《环境保护法》)于2015年1月1日起施行。《环境保护法》第三十四条规定:"国务院和沿海地方各级人民政府应当加强对海洋环境的保护。向海洋排放污染物、倾倒废弃物,进行海岸工程和海洋工程建设,应当符合法律法规规定和有关标准,防止和减少对海洋环境的污染损害。"

2)《中华人民共和国海洋环境保护法》

自20世纪70年代末至今,我国先后颁布了十余部保护海洋环境与资源的法律法规,为保护海洋环境与资源提供了有力的法律保障。《中华人民共和国海洋环境保护法》于1983年3月1日起施行。2017年《中华人民共和国海洋环境保护法》进行了修订,其第八章为"防治船舶及有关作业活动对海洋环境的污染损害",其中第六十二条规定:"在中华人民共和国管辖海域,任何船舶及相关作业不得违反本法规定向海洋排放污染物、废弃物和压载水、船舶垃圾及其他有害物质。从事船舶污染物、废弃物、船舶垃圾接收、船舶清舱、洗舱作业活动的,必须具备相应的接收处理能力。"

3)《中华人民共和国水污染防治法》

1984 年,为了防治水污染,保护和改善环境,保障饮用水安全,我国颁布了《中华人民共和国水污染防治法》。2008 年《中华人民共和国水污染防治法》修订通过,同年 6 月 1 日起施行。该法对水污染防治的标准和规划、水污染防治的监督管理、水污染防治措施、饮用水水源和其他特殊水体保护、水污染事故处置等方面进行了具体的规定。明确指出船舶排放含油污水、生活污水,应当符合船舶污染物排放标准。从事海洋航运的船舶进入内河和港口的,应当遵守内河的船舶污染物排放标准。

2017 年修订的《中华人民共和国水污染防治法》第三十三条要求:"禁止向水体排放油类、酸液、碱液或者剧毒废液。禁止在水体清洗装贮过油类或者有毒污染物的车辆和容器。"第五十九条规定了船舶装载运输油类或者有毒货物,应当采取防止溢流和渗漏的措施,防止货物落水造成水污染。第六十一条规定:港口、码头、装卸站和船舶修造厂应当备有足够的船舶污染物、废弃物的接收设施。从事船舶污染物、废弃物接收作业,或者从事装载油类、污染危害性货物船舱清洗作业的单位,应当具备与其运营规模相适应的接收处理能力。第六十二条规定:船舶及有关作业单位从事有污染风险的作业活动,应当按照有关法律法规和标准,采取有效措施,防止造成水污染。

4)《防治船舶污染海洋环境管理条例》

我国首个船舶防污专门法——《中华人民共和国防止船舶污染海域管理条例》于 1983 年 12 月发布。该条例第十九条规定:"船舶排放污染物,必须符合中华人民共和国《船舶污染物排放标准》。"

2009 年 9 月 9 日,经修订的《防治船舶污染海洋环境管理条例》(国务院令第 561 号)颁布,自 2010 年 3 月 1 日起施行。该条例对于防治船舶及其有关作业活动污染海洋环境做出了一般规定。对船舶在中华人民共和国管辖海域向海洋排放的船舶垃圾、生活污水、含油污水、含有毒有害物质污水、废气等污染物以及压载水的排放和接收提出了具体要求。

对于船舶产生的水污染物而言,在技术及条件可行的情况下,采用岸上接收是最好的处置方案,因为该方案可实现规模效益,对水体污染小。《防治船舶污染海洋环境管理条例》第十五条规定:"船舶应当将不符合前款规定的排放要求的污染物排入港口接收设施或者由船舶污染物接收单位接收。"

5)《中华人民共和国海洋倾废管理条例》

1985 年,为严格控制向海洋倾倒废弃物,防止对海洋环境的污染损害,保持生态平衡,保护海洋资源,促进海洋事业的发展,我国颁布了《海洋倾废管理条例》。该条例对于禁止倾倒的物质以及需要获得特别许可证才能倾倒的物质做出了具体规定。

2017 年修订的《中华人民共和国海洋倾废管理条例》,明确了禁止倾倒的物质和需要获得特别许可证才能倾倒的物质。

一、禁止倾倒的物质

(1)含有机卤素化合物、汞及汞化合物、镉及镉化合物的废弃物,但微含量的或能在海水中迅速转化为无害物质的除外。

(2)强放射性废弃物及其他强放射性物质。

(3)原油及其废弃物、石油炼制品、残油以及含这类物质的混合物。

(4)渔网、绳索、塑料制品及其他能在海面漂浮或在水中悬浮,严重妨碍航行、捕鱼及其他活动或危害海洋生物的人工合成物质。

(5)含有本附件(该条例附件)第一、二项所列物质的阴沟污泥和疏浚物。

二、需要获得特别许可证才能倾倒的物质

(1)含有下列大量物质的废弃物:

①砷及其化合物。

②铅及其化合物。

③铜及其化合物。

④锌及其化合物。

⑤有机硅化合物。

⑥氰化物。

⑦氟化物。

⑧铍、铬、镍、钒及其化合物。

⑨未列入附件一的杀虫剂及其副产品。

但无害的或能在海水中迅速转化为无害物质的除外。

（2）含弱放射性物质的废弃物。

（3）容易沉入海底，可能严重障碍捕鱼和航行的容器、废金属及其他笨重的废弃物。

（4）含有本附件第一、二项所列物质的阴沟污泥和疏浚物。

6）《船舶水污染防治技术政策》

2018年发布的《船舶水污染防治技术政策》，旨在防治船舶污染水环境，保障生态安全和人体健康，指导环境管理和科学治污，促进船舶水污染防治和监管技术进步，推动船舶制造业绿色发展。

该技术政策提出含有毒液体物质的污水不得向内河水域排放；在沿海水域，应达标排放。对于不能免除预洗的情况，提出船舶在离开卸货港前应按规定程序预洗，预洗的洗舱水应排入接收设施。

7）《水污染防治行动计划》

《国务院关于印发水污染防治行动计划的通知》（国发〔2015〕17号）提出增强港口码头污染防治能力的要求："加快垃圾接收、转运及处理处置设施建设，提高含油污水、化学品洗舱水等接收处置能力及污染事故应急能力。位于沿海和内河的港口、码头、装卸站及船舶修造厂，分别于2017年底前和2020年底前达到建设要求。"

8）《中华人民共和国长江保护法》

2020年12月26日，十三届全国人大常委会第二十四次会议表决通过《中华人民共和国长江保护法》,并于 2021 年 3 月 1 日起施行。《中华人民共和国长江保护法》是我国第一部流域专门法律,包括总则、规划与管控、资源保护、水污染防治、生态环境修复、绿色发展、保障与监督、法律责任和附则 9 章,共 96 条。

该法针对长江流域船舶污染防治,具体提出了"禁止在长江流域河湖管理范围内倾倒、填埋、堆放、弃置、处理固体废物""禁止在长江流域水上运输剧毒化学品和国家规定禁止通过内河运输的其他危险化学品""长江流域县级以上地方人民政府应当统筹建设船舶污染物接收转运处置设施"等。

2.3.2 部门规章和文件

1)《中华人民共和国船舶及其有关作业活动污染海洋环境防治管理规定》

为配合《防治船舶污染海洋环境管理条例》(国务院令第 561 号)的实施,交通运输部发布了经修订的《中华人民共和国船舶及其有关作业活动污染海洋环境防治管理规定》(交通运输部令 2017 年第 15 号)。该规定对船舶装卸、过驳、清舱、洗舱、油料供受、修造、打捞、拆解、污染危害性货物装箱、充罐、污染清除以及其他水上水下船舶施工作业等活动提出了一般要求,对在中华人民共和国管辖海域航行、停泊、作业的船舶排放船舶垃圾、生活污水、含油污水、含有毒有害物质污水、废气等污染物以及压载水排放与接收做出了具体规定。

2)《中华人民共和国防治船舶污染内河水域环境管理规定》

《中华人民共和国防治船舶污染内河水域环境管理规定》(交通运输部令 2015 年第 25 号)于 2016 年 5 月 1 日起实施。该规定要求在内河水域航行、停泊和作业的船舶,不得违反法律、行政法规、规范、标准和交通运输部的规定向内河水域排放污染物。不符合排放规定的船舶污染物应当交由港口、码头、装卸站或者有资质的单位接收处理。第十三条规定,禁止船舶向内河水体排放有毒液体物质及其残余物或者含有此类物质的压载水、洗舱水或者其他混合物。

3)《中华人民共和国船舶载运危险货物安全监督管理规定》

《中华人民共和国船舶载运危险货物安全监督管理规定》(交通运输部令 2018 年第 11 号)于 2018 年 7 月 31 日起实施。该规定第三十七条规定,载运散装液体危险货物的内河船舶卸货完毕后,应当在具备洗舱条件的码头、专用锚地、洗舱站点等对货物处所进行清洗,洗舱水应当交付港口接收设施、船舶污染物接收单位或者专业接收单位接收处理。

载运散装液体危险货物的内河船舶,有以下情形之一的,可以免于前款规定的清洗:"(一)船舶拟装载的货物与卸载的货物一致;(二)船舶拟装载的货物与卸载的货物相容,经拟装载货物的所有人同意;(三)已经实施海事管理机构确认的可替代清洗的通风程序。"

卸货港口没有接收能力,船舶取得下一港口的接收洗舱水书面同意,可以在下一港口清洗,并及时报告海事管理机构。

4)《船舶与港口污染防治专项行动实施方案(2015—2020 年)》

2015 年 8 月,交通运输部发布了《船舶与港口污染防治专项行动实施方案(2015—2020 年)》,对于船舶污染防治提出了专项行动目标:沿海和内河港口、码头、装卸站、船舶修造厂分别于 2017 年底前和 2020 年底前具备船舶含油污水、化学品洗舱水、生活污水和垃圾等接收能力,并做好与城市市政公共处理设施的衔接,全面实现船舶污染物按规定处置。按照新修订的船舶污染物排放相关标准,2020 年底前完成现有船舶的改造,经改造仍不能达到要求的,限期予以淘汰。

5)《关于推进长江经济带绿色航运发展的指导意见》

2017 年,交通运输部发布《关于推进长江经济带绿色航运发展的指导意见》(交水发〔2017〕114 号),提出"加强化学品洗舱作业专项治理",要求"按照危险化学品洗舱基地布局,开展长江经济带化学品洗舱作业需求评估,积极推进化学品洗舱基地建设。全面开展化学品洗舱水治理,进一步规范和强化化学品洗舱基地和洗舱作业管理。引导建立危险化学品洗舱基地和配套设施建设产业基金,鼓励社会资本投资建设和运营管理危险化学品洗舱基地"。

6)《长江经济带船舶污染防治专项行动方案(2018—2020年)》

2017年,交通运输部发布了《长江经济带船舶污染防治专项行动方案(2018—2020年)》(交办海〔2017〕195号),计划在2018—2020年组织开展长江经济带船舶污染防治专项行动。它提出"2020年底,长江经济带相关省级交通运输主管部门要推动内河港口船舶化学品洗舱水等污染物接收设施达到建设要求,并与城市公共转运、处置设施有效衔接。2018年,部综合规划司要牵头研究制定长江干线水上洗舱站布局方案;长江经济带相关省级交通运输主管部门要会同当地有关部门实施船舶污染物接收、转运、处置联单制度,根据法规要求组织实施内河载运危险化学品船舶洗舱水强制预洗规定"。

7)《关于全面加强生态环境保护坚决打好污染防治攻坚战的实施意见》

2018年,交通运输部发布了《关于全面加强生态环境保护坚决打好污染防治攻坚战的实施意见》(交规划发〔2018〕81号),提出"各省级交通运输主管部门要协调推动港口所在地人民政府,落实水污染防治法,加强统筹规划建设船舶污染物接收转运处置设施,推动港口船舶化学品洗舱水等污染物接收设施建设"。

8)《长江保护修复攻坚战行动计划》

2019年,生态环境部和国家发展和改革委员会共同发布了《关于印发〈长江保护修复攻坚战行动计划〉的通知》(环水体〔2018〕181号),提出"优化沿江码头布局,严格危险化学品港口码头建设项目审批管理。推进生活污水、垃圾、含油污水、化学品洗舱水接收设施建设""尽快制定化学品运输船舶强制洗舱规定,促进化学品洗舱水达标处理。强化长江干流及主要支流水上危险化学品运输环境风险防范,严厉打击危险化学品非法水上运输及油污水、化学品洗舱水等非法转运处置等行为"等要求。

9)《关于建立完善船舶水污染物转移处置联合监管制度的指导意见》

2019年,为做好船舶水污染物转移处置水陆衔接,强化监督管理,保护生态环境,交通运输部办公厅、生态环境部办公厅、住房和城乡建设部办公厅共同发布了《关于建立完善船舶水污染物转移处置联合监管制度的指导意见》(交办海〔2019〕15号)。其提出"可以满足向环境水体排放的相关法规和排放标准要求的化学品洗舱水按照废水实施管理;不能按照废水实施管理的化学品洗舱水,根据所清洗的化学品属性分别按照危险废物或其他固体废物实施管理"。

10)《关于加强长江船舶污染治理工作的指导意见》

推动长江经济带发展领导小组办公室于2019年1月印发了《关于加强长江船舶污染治理工作的指导意见》,明确了加强长江船舶污染治理工作的基本原则、总体目标和24条具体任务。明确提出到2020年,400总吨及以上船舶污水垃圾接收设施全覆盖,污水垃圾全收集、全处理,载运散装液体危险货物船舶强制洗舱、洗舱水全收集全处理。

11)《关于印发长江经济带船舶和港口污染突出问题整治方案的通知》

为坚决贯彻党中央、国务院关于打好污染防治攻坚战的决策部署,全面系统提升长江经济带船舶和港口污染防治能力,加快推进航运绿色发展,交通运输部、发展改革委、生态环境部、住房和城乡建设部共同发布了《关于印发长江经济带船舶和港口污染突出问题整治方案的通知》(交水发〔2020〕17号)。其提出"分类优化垃圾、生活污水、含油污水、化学品洗舱水等船舶水污染物接收转运处置方案,完善固定和移动设施相结合的接收模式、收费机制,促进接收转运处置环节相互衔接、设施高效利用、经济可靠运行""化学品洗舱水应按规定分类处理,鼓励预处理后转运处置"。

12)香港特别行政区《商船(控制散装有毒液体物质污染)规例》

香港特别行政区的相关法规是《商船(控制散装有毒液体物质污染)规例》(第413B章),检查人员由经海事处处长委任的海事处验船主任担当。化学品船的船东、管理公司或船长可直接或通过代理向香港海事处港口国监督组申请防污预洗舱检验。所需手续包括填写检验申请表、缴交检验费按金及通知相关液体物质资料。所有洗舱水都不允许排放,必须在检查员的监督下利用可允许运载化学品的驳船运往由香港特别行政区政府环境保护署管理经营的化学废物处理中心进行处理,所有费用由船方负责。

13)《中华人民共和国船舶安全营运和防止污染管理规则》

2001 年 7 月,为了保障水上交通安全,保护水域环境,应用《国际船舶安全营运和防止污染管理规则》(ISM 规则)的原理,原交通部结合我国实际情况,制定并发布了《中华人民共和国船舶安全营运和防止污染管理规则》,规定于 2003 年 1 月 1 日起对第一批适用船舶生效。该规则对船舶公司提出了安全和环境保护的具体方针。

14)《400 总吨以下内河船舶水污染防治管理办法》

2020 年发布的《400 总吨以下内河船舶水污染防治管理办法》,第六章为洗舱水污染防治,其中要求:

第二十一条　载运散装液体危险货物的船舶卸货完毕后,应当按照《船舶载运危险货物安全监督管理规定》进行洗舱并将洗舱水送交接收设施。

第二十二条　船舶应当将含货油残余物的油污水和含有毒液体物质残余物的污水送交接收设施。

第二十三条　船舶应当将含货油残余物的油污水和含有毒液体物质残余物的污水的相关操作,分别如实、规范地记录在经海事管理机构签注的《油类记录簿》和《货物记录簿》中。150 总吨以下的油船应将含货油残余物的油污水的相关操作如实、规范地记录于《航行日志》或者《轮机日志》中。

《油类记录簿》和《货物记录簿》应当随时可供检查,使用完毕后在船上保留3年。

15)《长江经济带生态环境保护规划》

2017年,生态环境部会同多部门共同发布了《长江经济带生态环境保护规划》。其第五部分明确提出"控制船舶港口污染,提高含油污水、化学品洗舱水等船舶污染物接收处置能力,在重点港口建设船舶污染物接收设施,实现集中处理、达标排放。按照标准要求安装配备船舶生活污水和垃圾的收集储存设施"。第六部分提出"积极推广液化天然气等清洁能源动力船舶,推进码头和船舶岸电设施建设和改造;设置船舶排放控制区,推进靠港船舶使用岸电,开展港口油气回收工作"。第七部分提出"严防交通运输次生突发环境事件风险。强化水上危化品运输安全环保监管和船舶溢油风险防范;提升船舶污染物的接收处置能力"。第八部分提出"在长江流域严格执行船舶污染物排放标准"。

16)《关于建立健全长江经济带船舶和港口污染防治长效机制的意见》

针对长江经济带船舶和港口污染突出问题,2021年3月,交通运输部、国家发展改革委、生态环境部、住房和城乡建设部等4部委联合印发了《关于建立健全长江经济带船舶和港口污染防治长效机制的意见》(交水发〔2021〕27号)。该意见提出了总体目标以及任务措施。

2.3.3　技术标准规范

1)《船舶水污染物排放控制标准》(GB 3552—2018)

2018年1月16日,环境保护部❶与国家质量监督检验检疫总

---

❶　2018年3月,根据第十三届全国人民代表大会第一次会议批准的国务院机构改革方案,该机构名称和职责有变化。

局❶联合发布了《船舶水污染物排放控制标准》（GB 3552—2018），自2018 年 7 月 1 日实施。该标准规定了船舶向环境水体排放含油污水、生活污水、含有毒液体物质的污水和船舶垃圾的排放控制要求，以及标准的实施与监督等要求。

2)《船舶污染物接收和船舶清舱作业单位接收处理能力要求》（JT/T 673—2006）

《船舶污染物接收和船舶清舱作业单位接收处理能力要求》（JT/T 673—2006）由交通部于 2006 年 12 月 19 日发布，2007 年 3 月 1 日起实施。该标准规定了船舶污染物接收和船舶清舱作业的单位、船舶、人员应具备的接收处理能力，以及接收和清舱作业的技术和管理要求，适用于船舶污染物接收和船舶清舱作业。

3)《船舶高污染风险作业操作规程》（JT/T 1080—2016）

《船舶高污染风险作业操作规程》（JT/T 1080—2016）规定了在沿海进行船舶高污染风险作业的基本条件和操作规程。标准对于油轮货舱清舱作业、散装液体污染危害性货物过驳作业、沉船打捞作业以及油轮拆解作业操作规程提出了普遍适用的一般要求，并针对作业前、作业中和作业后整个过程的操作做出了具体要求。

4)《内河洗舱站码头设计指南》（JTS/T 173—2019）

2019 年，为统一内河洗舱站码头设计的技术要求，适应建设需要，交通运输部关于发布了《内河洗舱站码头设计指南》（JTS/T 173—2019）。该指南适用于对油船、散装液体化学品船进行洗舱作业的内河新建、改建和扩建洗舱站码头的设计，共分 8 章和 2 个附录，并附条文说明，主要内容包括选址与平面布置，洗舱工艺及洗舱水接收，码头结构，配套设施，环境保护、安全与职业卫生，等等。

5)《船舶水污染物内河港口岸上接收设施设计指南》（JTS/T

---

❶ 2018 年 3 月，根据第十三届全国人民代表大会第一次会议批准的国务院机构改革方案，该机构名称和职责有变化。

175—2019）

2019年，为贯彻国家环境保护法律法规和技术政策，加强内河通航水域的船舶污染防治，推进船舶水污染物内河港口岸上接收设施的建设，交通运输部发布《船舶水污染物内河港口岸上接收设施设计指南》（JTS/T 175—2019）。该指南共分为6章1个附录，并附条文说明，主要包括船舶生活垃圾、船舶生活污水、船舶含油污水的内河港口岸上接收设施的设计要求。

6)《水运工程环境保护设计规范》（JTS 149—2018）

《水运工程环境保护设计规范》（JTS 149—2018）由交通运输部于2018年1月29日发布，2018年4月1日起实施。规范对于水运工程环境保护设计提出了一般要求，对生产废水和生活污水、粉尘和废气、噪声、固体废物、生态、清洁生产、环境风险提出了具体要求。规范第4部分提出了船舶污染物的接收和处理要求。

7)《国内航行海船法定检验技术规则（2020）》

《国内航行海船法定检验技术规则（2020）》第5篇为防止船舶造成污染，第3章为控制散装有毒液体物质污染规定，其第3节为有毒液体物质残余物的操作性排放，对于有毒液体物质残余物的排放控制提出了具体要求。具体包括：排放规定、排放标准、货物残余物的通风、预洗替代、清洁剂或添加剂的使用、X类物质残余物的排放、Y类和Z类物质残余物的排放等内容。

8)《内河船舶法定检验技术规则（2019）》

《内河船舶法定检验技术规则（2019）》第7篇第3章为控制散装有毒液体物质污染，其第2节排放控制要求有如下规定：

3.2.1.1 严禁把有毒液体物质的残余物或含有此类物质的压载水、洗舱水或其他混合物排入水中。

3.2.1.2 船上残留的有毒液体物质的残余物或含有此类物质的压载水、洗舱水或其他混合物应交由岸上处理。

3.2.1.3 在按本节规定进行液货舱清洗或排放程序之前，载运有毒液体物质的舱室应按照《内河散装运输危险化学品船舶货物装卸计划》中规定的程序排空至最大程度。

此外,该规则还对船上有毒液体物质污染应急计划、载运有毒液体物质的化学品船的强制洗舱做出了具体要求。

9)《内河危险化学品洗舱趸船法定检验技术暂行规则(2019)》

2019年,《内河危险化学品洗舱趸船法定检验技术暂行规则(2019)》正式发布。该规则结合目前内河运输的主要危险化学品货品种类以及危险化学品洗舱趸船的功能特点,对内河化学品洗舱趸船的船舶布置、相关系统设备、风险控制等方面提出了具体要求。同时明确规定船舶构造与设备应满足基本安全和防污染条件,并对此制定相关技术标准,主要包括法规适用范围、检验发证、船舶布置、洗舱及其辅助设备系统、环境控制、消防及人员保护等。

10)《江苏省内河船舶污染物接收设施建设指南》

《江苏省内河船舶污染物接收设施建设指南》适用于江苏省行政辖区内河(不含长江)通航水域的港口、码头、水上服务区、船闸(交通运输部门管理)等区域的船舶污染物接收设施建设,以及辖区船舶污染物多功能流动接收船的建设。该指南所提出的船舶污染物包括船舶产生的生活垃圾、生活污水和含油污水。

2.3.4　国内洗舱水相关法规框架

1)法规框架

我国目前对于船舶洗舱水的管理体系包括国际公约、国内法规、部门规章、文件以及技术标准规范等。已制定的船舶洗舱水技术标准包括国家标准、行业标准、船舶技术规范以及地方标准。国内洗舱水管理体系框架如图2-1所示。

2)洗舱水排放控制要求汇总

(1)含油洗舱水

对于含油洗舱水,其排放控制主要依据《船舶水污染物排放控制

国际公约

| 国际防止船舶造成污染公约
(MARPOL) | 国际散装运输危险化学品船舶
构造和设备规则(IBC规则) |

法律法规

环境保护法	防治船舶污染海洋环境管理条例
	海洋倾废管理条例
海洋环境保护法	船舶水污染防治技术政策
	水污染防治行动计划
水污染防治法	防治船舶污染海洋环境管理条例

部门规章

船舶及其有关作业活动污染海洋环境防治管理规定

防治船舶污染内河水域环境管理规定

船舶载运危险货物安全监督管理规定

400总吨以下内河船舶水污染防治管理办法

文件

交通运输部关于推进长江经济带 绿色航运发展的指导意见	长江保护修复攻坚战行动计划
长江经济带船舶污染防治专项 行动方案(2018—2020年)	关于建立完善船舶水污染物转移 处置联合监管制度的指导意见
关于全面加强生态环境保护坚决 打好污染防治攻坚战的实施意见	关于加强长江船舶污染治理工作的 指导意见

标准规范

| 国家标准 | 行业标准 | 船舶技术规则 | 地方标准 |

船舶水污染物 排放控制标准 (GB3552—2018)	船舶污染物接收和船舶 清舱作业单位接收处理 能力要求(JT/T 673—2006)	国内航行海船法定 检验技术规则(2020)	江苏省内河船舶污染物 接收设施建设指南
	船舶高污染风险作业操作 规程(JT/T 1080—2016)	内河船舶法定检验 技术规则(2019)	
	内河洗舱站码头设计指南 (JTS/T 173—2019)	内河危险化学品洗舱 趸船法定检验技术 暂行规则(2019)	
	船舶水污染物内河港 口岸上接收设施设计指南 (JTS/T 175—2019)		
	水运工程环境保护设计 规范(JTS 149—2018)		

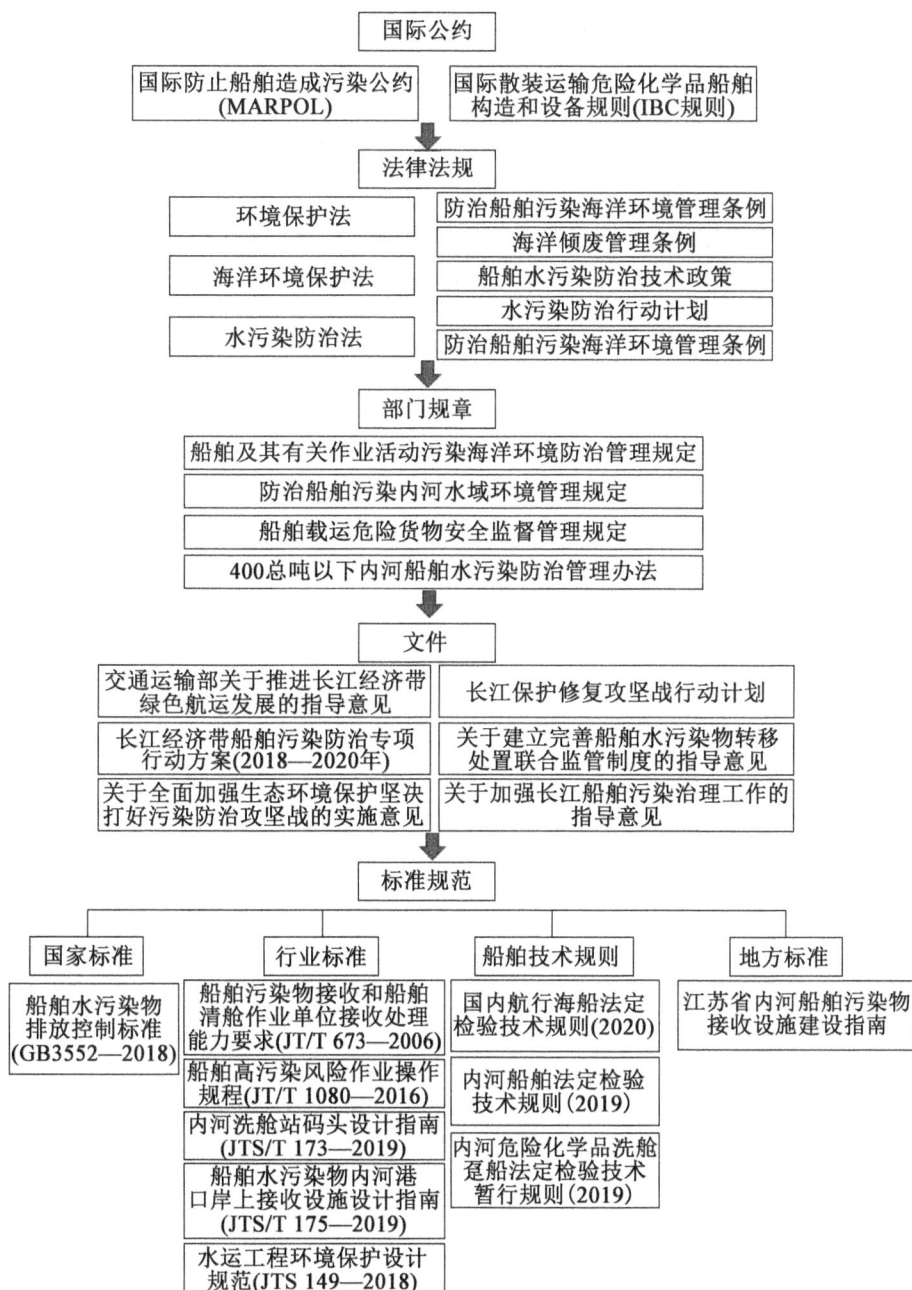

图 2-1 国内洗舱水相关法规框架

标准》(GB 3552—2018)中对于船舶含货油残余物的油污水排放控制要求的规定执行,具体如表2-2所示。

含油洗舱水、化学品洗舱水排放控制要求 表2-2

洗舱水	内河水域	沿海海域			
		<3 海里	3～12 海里	12～50 海里	>50 海里
油品	禁排(接收)				按要求排放
化工品	禁排(接收)			根据化工品类别按要求排放	

（2）化学品洗舱水

根据《船舶水污染物排放控制标准》(GB 3552—2018)的要求,船舶在沿海排放含有毒液体物质的污水,应按表2-3的规定执行。

含有毒液体物质的污水排放控制要求 表2-3

污水中含有以下任何一种有毒液体物质	排放控制要求
(1)X 类物质; (2)Y 类物质中的高黏度或凝固物质; (3)未按规定程序卸货的 Y 类物质; (4)未按规定程序卸货的 Z 类物质	如不能免除预洗,船舶在离开卸货港前应按规定程序预洗,预洗的洗舱水应排入接收设施。其中,X 类物质应预洗至浓度小于或等于 0.1%(质量百分比),浓度达到要求后应将舱内剩余的污水继续排入接收设施,直至该舱排空。预洗后,再向该舱注水产生的含有毒液体物质的污水排放按本标准 6.2 执行
(1)按规定程序卸货的 Y 类物质; (2)按规定程序卸货的 Z 类物质	按本标准 6.2 执行;对于 2007 年 1 月 1 日之前建造的船舶,含 Z 类物质或暂定为 Z 类物质的污水排放,可免除 6.2c)中在水线以下通过水下排出口排放的要求

在沿海的船舶按规定程序卸货,并按规定预洗、有效扫舱或通风后,含有毒液体物质的污水排放应同时满足下列条件:

①在距最近陆地 12 海里以外(含)且水深不少于 25 米的海域

排放；

②在船舶航行中排放，自航船舶航速不低于 7 节，非自航船航速不低于 4 节；

③在水线以下通过水下排出口排放，排放速率不超过最大设计速率。

2.4　国内外差异

综合国内外在洗舱水接收处置方面的规定和技术要求，国外对洗舱水的接收、转运和处置管理在技术上更为精细，在机制上更为顺畅。例如，美国、德国、加拿大、荷兰等国家，其化学品废水接收处理商品化、社会化，接收和处理设施较为完善，并且有关法则和实施细则也比较健全。

本书主要对 CDNI 公约对于洗舱水的接收处置要求进行差异对比分析。总体来看，CDNI 公约具有以下几方面可借鉴的经验。

1）污染物的流域化和精细化管理

欧洲莱茵河的洗舱水管理主要依据《欧盟内河航行船舶技术要求》以及 CDNI 公约。CDNI 公约对于船舶产生的所有污染物的处置，分别针对船舶、港口和接收设施提出了要求。除此以外，沿线国也有地方法规。我国注重污染物流转环节的监管，做到接收转运处置无缝衔接；与我国不同的是，CDNI 注重不同污染物的分类精细管理，污染类别分得更细，与船舶操作过程联系更为紧密。

2）细化到货类的洗舱水接收处置管理

CDNI 公约将污染物分为三大类，其中化学品洗舱水属于 Part B 部分。CDNI 公约的技术性附件《卸货标准及含货物残余物洗舱水的储存和接收要求》将内河运输的货物分为十大类，共 297 个条目，几乎可覆盖所有货物。CDNI 公约中第（4）类和第（9）类与长江危化品洗舱水相对应。相对于我国的洗舱水管理，CDNI 公约关于洗舱水的管理范围更为广泛,不仅包括油品和化学品,也包括干散货船货舱清洗水以及货舱渗入的雨水。

3)合理的联单制度

CDNI 公约关于液货船卸货和洗舱水接收的技术标准中要求液体货物船留存"卸货证明"。货物接收方和船长签署"卸货证明",以证明卸货和洗舱水接收作业程序完成,"卸货证明"应保留在船上以备监管机构查验。船舶若未能妥善处置洗舱水并完成"卸货证明",则不能装载任何新货物。洗舱水等应由收货人接收,否则应在船舶"卸货证明"中注明处置地点。这种做法与国内的化学品洗舱水接收、转运和处置监管联单类似,但也有不同之处。国内目前实行的是五联单,包括污染物排放船舶、接收转运单位(陆上转运、码头接收转运、水上接收转运)、污染物处置单位,内容为化学品洗舱水。而CDNI 公约规定的是三联单,包括收货人/码头、船舶、洗舱水接收站。内容为卸载货物、扫舱产生的货物残余物接收情况、洗舱水接收情况、厨房泔水。

4)符合实际的运行和收费机制

CDNI 公约要求接收站位于卸船码头附近,或在船舶前往下一装卸地点途中;货物承运方的价格已包含洗舱水处置费用,船长负责洗舱水处置作业。目前我国尚无洗舱水接收处置的合理收费机制。

5)洗舱和扫舱技术要求高

CDNI 公约关于液货船卸货和洗舱水接收的技术标准《液货船扫舱系统技术要求》中,规定了液货船在正常装卸程序结束后,对残留液货进行扫舱的技术要求。我国国内航行海船有类似要求,要求2007 年以后的船,正常卸货及扫舱后的货物残余物不得超过 75L,是CDNI 公约要求的 3 倍还多。对我国内河航行的船舶,则未查到关于扫舱的相关要求,标准偏低。

第3章

典型水域船舶洗舱水的产生及处置

3.1 长江危险品运输现状及发展

3.1.1 长江水系危险品运输企业

2020 年,长江水系共有省际液货危险品运输企业 147 家,其中重庆市 11 家、湖北省 18 家、湖南省 6 家、江西省 13 家、安徽省 24 家、江苏省 65 家、浙江省 2 家、上海市 8 家。其中,经营长江干线省际运输及支流省际运输的企业 48 家,经营中下游及支流省际运输的企业 96 家,经营长江下游干线及支流省际运输的企业 1 家,经营长江三角洲长江支流内河港口至长江干线江苏段或上海段港口间省际运输的企业 2 家。

3.1.2 危险品运输船舶现状

根据交通运输部长江航务管理局统计数据,2021 年长江水系共有省际液货危险品运输船舶 2545 艘。其中,成品油船 1084 艘,化学品船 1055 艘,油船/化学品船 355 艘,液化气体船 29 艘,原油船 22 艘。按经营区域划分,从事长江上中下游干线及支流省际运输的船舶 474 艘,从事长江中下游干线及支流省际运输的船舶 2047 艘,从事长江三角洲长江干线以外内河港口至长江干线江苏段或上海段港口间直达运输(不跨越第三省市)的船舶 24 艘。

长江水系省际液货危险品运输船舶平均船龄为 12.58 年。成品油船平均船龄 11.89 年,其中船龄 16 年以下的船舶占总艘数的 74.4%。散装化学品船平均船龄 14.64 年,其中船龄 16 年以下的船舶占总艘数的 66.1%。油船/化学品船平均船龄 7.1 年,其中船龄 16 年以下的船舶占总艘数的 95.5%。液化气体船平均船龄 14 年,其中船龄16 年以下的船舶占总艘数的 55.2%。原油船平均船龄 9.5 年,其中船龄 16 年以下的船舶占总艘数的 77.3%。

长江水系省际液货危险品运输船舶平均吨位为 982.7 总吨/艘。成品油船平均吨位为 967.7 总吨/艘,散装化学品船平均总吨为 495.7 总吨/艘,油船/化学品船平均吨位为 2419.7 总吨/艘,液化气体船平均吨位为 448.3 总吨/艘,原油船平均吨位为 2590.9 总吨/艘。

长江沿线危化品船舶中,油船、油驳、散装化学品船、散装化学品/油船的平均载重吨分别为 596.9 吨/艘、714.3 吨/艘、354.1 吨/艘、2441.6 吨/艘;散装化学品船的平均吨位最小;散装化学品船/油船多为近年新造,平均吨位高于其他船型;危化品船舶平均吨位为 668.7 吨/艘。内河船舶主要依赖洗舱站(洗舱船)进行洗舱作业。

3.1.3　液体危险品运输现状

2020 年,长江液体危险品运量 8900 万吨(不含海进江),其中原油 505 万吨,成品油(含沥青)4917 万吨,散装化学品 3070 万吨;海进江原油 1740 万吨,成品油 2987 万吨,散装化学品 1021 万吨;危险品集装箱 16.88 万 TEU(标准箱)。2020 年,危险品船舶进出港申报 115444 艘次。

3.1.4　各省市液体危险品运输现状

根据《2020 年长江航运发展报告》所载数据,长江沿线 14 省市内河港口完成液体散货吞吐量 1.35 亿吨,如图 3-1 所示。各省市液体散货分货种吞吐量占比情况如图 3-2 ~ 图 3-4 所示。

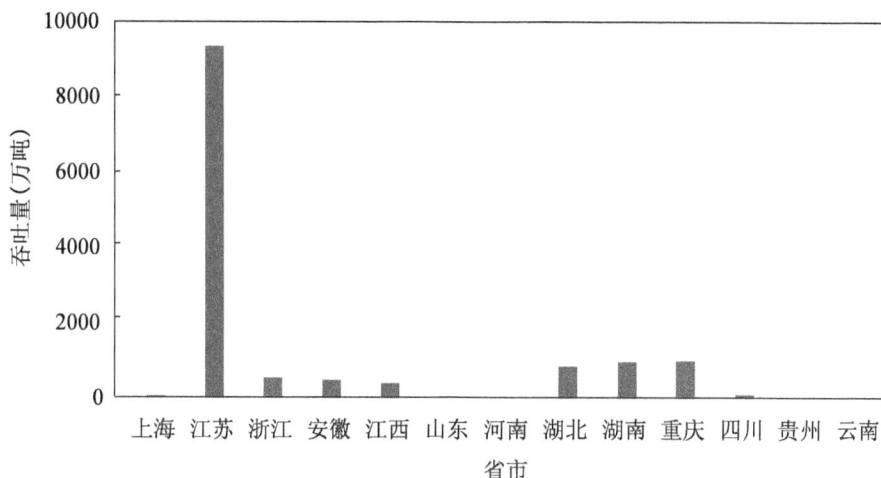

图 3-1　2020 年长江沿线各省市液体危险品吞吐量

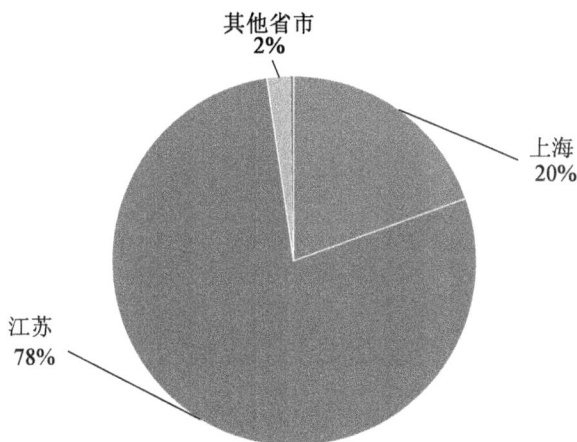

图 3-2　2020 年长江沿线各省市原油吞吐量占比情况

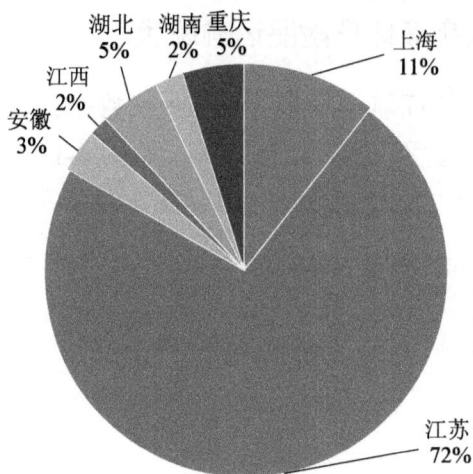

图 3-3　2020 年长江沿线各省市成品油吞吐量占比情况

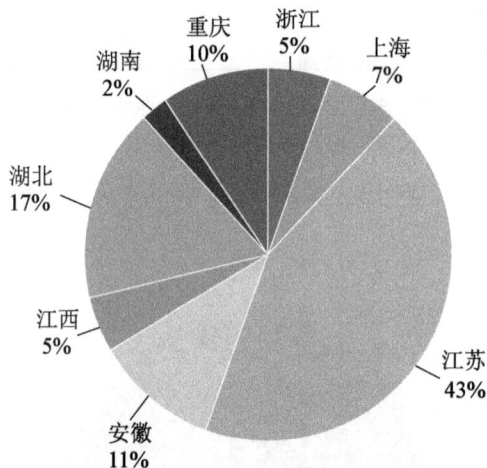

图 3-4　2020 年长江沿线各省市散装化学品吞吐量占比情况

3.1.5　长江沿线石油及化工产业规划

根据《石化产业规划布局方案》(发改产业〔2014〕2208 号)和《石油和化学工业发展规划(2016—2020 年)》(工信部规〔2016〕318

号),未来一段时期长江沿线地区石油及化工产业将进一步优化提升和集聚高效发展,以适应生态、绿色、安全发展的要求。随着沿江管道建设和产业结构优化,长江危化品运输总量将趋于稳定,但结构将发生变化,预计原油水运量稳中趋降,成品油和液体化工品水运量稳中有升。预测2025年长江干线危化品水运量2.2亿吨,长江干线危化品港口吞吐量分别为2.2亿吨和2.4亿吨。

3.2　洗舱水产生量测算方法

3.2.1　MARPOL 公约计算方法

MARPOL 公约附则 Ⅱ 提供了散化船舶洗舱水最小水量的计算方法,《接收指南》按照不同液体化学品类别给出了洗舱水量范围,对于化工品船舶强制预洗提出了最小预洗舱用水量的计算公式:

$$Q = k(15r^{0.8} + 5r^{0.7} \times V/1000)$$

式中:Q——要求的最小水量(m^3);

r——每个液货舱的残余量(m^3)。

r 值应为实际扫舱效率试验中确定的值,但对于舱容为 $500m^3$ 及以上的液货舱,不应低于 $0.100m^3$;对于舱容为 $100m^3$ 及以下的液货舱,不应低于 $0.040m^3$。对于舱容在 $100m^3$ 和 $500m^3$ 之间的液货舱,在计算中允许使用的 r 的最小值由线性插值法求得。对于 X 类物质,r 值应按照 MARPOL 公约附则 Ⅱ《程序和布置手册》基于扫舱试验予以确定,注意上述给出的较低限值,或取 $0.9m^3$。

V = 舱容(m^3)。

k,具有下列值的系数:

X 类,非凝固低黏度物质,$k = 1.2$;

X 类,凝固物质或高黏度物质,$k = 2.4$;

Y 类,非凝固低黏度物质,$k = 0.5$;

Y 类,凝固物质或高黏度物质,$k = 1.0$。

3.2.2 设计规范计算方法

(1)《港口、码头、装卸站和船舶修造、拆解单位船舶污染物接收能力要求》(JT/T 879—2013)

《港口、码头、装卸站和船舶修造、拆解单位船舶污染物接收能力要求》(JT/T 879—2013)由交通运输部于 2013 年 10 月 9 日发布,2014 年 1 月 1 日起实施。标准规定了港口、码头、装卸站和船舶修造、拆解单位所应具备的船舶污染物接收的一般要求和接收能力要求。具体包括:"接收设施种类至少包括含油污水、散装液体化学品洗舱水、船舶垃圾和生活污水接收设施,其中船舶垃圾接收设施应实现垃圾分类接收和存放。""接收残油、含油污水和散装液体化学品洗舱水的作业车辆应根据其性质配置灭火器材、防护急救用品,并定期进行检查、维修或更换,以确保随时处于完好状态"等。

①标准中,年港口第 i 类污染物接收能力按式(3-1)计算:

$$T_i = (f_N \cdot \overline{W}_N \cdot N + f_r \cdot \overline{W}_r \cdot T + f_c \cdot \overline{W}_G \cdot G) \cdot \alpha \qquad (3\text{-}1)$$

式中:T_i——年港口第 i 类污染物接收能力(t/a);

$\quad i$——第 i 类污染物;

$\quad f$——权重系数,散装液体化学品洗舱水 f_N、f_r、f_G 分别为 0.1、0.5 和 0.4;

$\quad \overline{W}_N$——每艘次船舶产生的污染物均量推荐值(t/艘次),散装液体化学品洗舱水取 0.4;

$\quad \overline{W}_r$——每万总吨船舶产生的污染物均量推荐值(t/艘次),散装液体化学品洗舱水取 0.4;

$\quad \overline{W}_G$——每万吨货物吞吐量产生的污染物均量推荐值(t/万 t),散装液体化学品洗舱水取 2.5;

$\quad N$——年船舶进港总艘次(艘次/a);

$\quad T$——年进港船舶总吨(万总吨/a);

G——年港口货物吞吐量(万 t/a);

α——修正系数,散装液体化学品洗舱水修正系数取 0.75。

②标准中,年码头、装卸站第 i 类污染物接收能力按式(3-2)计算:

$$T_i = G \cdot \overline{W}_G \cdot \beta \tag{3-2}$$

式中:T_i——年码头、装卸站第 i 类污染物接收能力(t/a);

G——年码头货物吞吐量(万 t/a);

$\overline{W}_G$——每万吨货物吞吐量产生的污染物均量推荐值(t/万 t),散装液体化学品洗舱水取 1.5;

β——修正系数,散装液体化学品洗舱水修正系数取 0.75。

(2)《水运工程环境保护设计规范》(JTS 149—2018)

《水运工程环境保护设计规范》(JTS 149—2018)第 4 章生产废水和生活污水部分,对化学品污水进行了规定。

①对于 X 类和 Y 类有毒液体货物船舶洗舱水的最小水量给出了计算公式[式(3-3)]。

$$Q = k \left(15r^{0.8} + 5r^{0.7} \frac{V}{1000} \right) \tag{3-3}$$

式中:Q——洗舱水的最小水量(m^3);

k——系数,X 类,非凝固低黏度物质,k 取 1.2;凝固物质或高黏度物质,k 取 1.0;

r——每个货舱的有毒液体物质残余量(m^3),应为实际扫舱效率试验中确定的值;无试验数据时,X 类物质 r 值取 $0.9m^3$;Y 类物质 r 值选取为:液货舱舱容大于 $500m^3$ 的不应低于 $0.1m^3$;舱容 $100m^3$ 及以下的不应低于 $0.04m^3$;舱容在 $100m^3$ 和 $500m^3$ 之间的,r 的最小值可由线性插值法求得;

V——舱容(m^3)。

②总洗舱水量可按载货舱容积的 1% ~4% 估算。

③化学品单罐洗罐水量可取罐容的 3% ~10% 。

④码头装卸区冲洗水量指标可取 $5L/m^2 \cdot$ 次。

3.2.3 经验系数测算方法

据相关研究成果和洗舱作业实践,船舶洗舱的用水量为每立方米舱容 $0.08 \sim 0.1m^3$。相关规范提出散化船舶洗舱水量范围为最大载重吨的 $1\% \sim 4\%$。

根据相关数据,上海港化工品船舶洗舱,每船实际产生 $10 \sim 20t$ 洗舱水,发生量基本在船舶载重吨的 1% 左右。上海海事局提出每 $500m^3$ 舱容量的洗舱水在 $6 \sim 8t$ 水平,万吨化工品船舶单舱容量一般不超过 $1000t$,单舱洗舱水量约数十立方米。

综合上述方法,本书采用经验系数测算方法进行长江经济带洗舱水产生量的测算。

3.3 长江经济带洗舱水产生量

随着长江沿江各省市国民经济和石化产业的快速发展,长江危化品运输品种及数量持续增加,危化品船舶换装货种的情况也越来越普遍。根据本书 3.2 节的洗舱水测算方法,以液态化学品及其他货物吞吐量为基数,按照经验系数法对长江沿线洗舱水理论产生量进行估算。经测算,2014—2018 年长江沿线化学品洗舱水产生量基本呈逐年递增趋势,2019 年和 2020 年洗舱水产生量由于货运量降低而大幅减少,具体如图 3-5 所示。

2020 年,长江沿线液态化学品及其他货物吞吐量达到 13525 万吨,与上年相比稍有回落。长江沿线洗舱水总量约 135.25 万吨/年,其中 80% 来自长江下游,20% 来自长江中上游,如图 3-6 所示。沿江省市中,江苏省各货类液体散货吞吐量均占据绝对优势份额,达到 93.33 万吨,占长江沿线洗舱水总量的 69%。长江沿线各省市化学品洗舱水占比情况如图 3-7 所示。

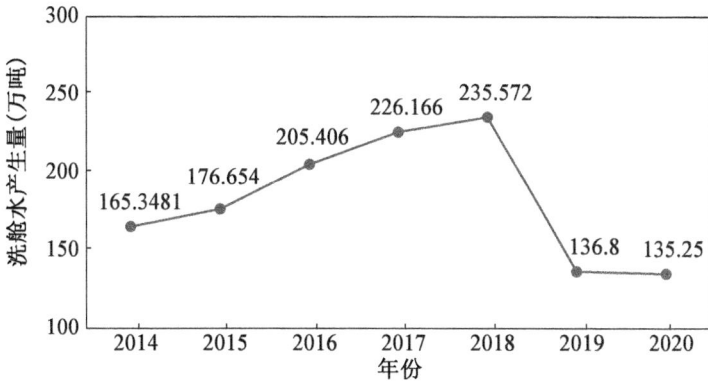

图 3-5 2014—2020 年长江沿线洗舱水产生量

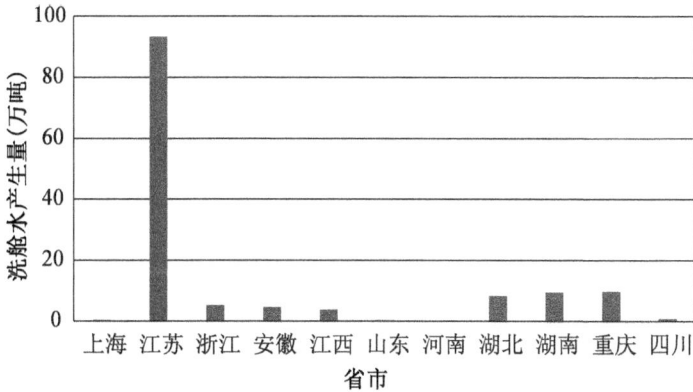

图 3-6 2020 年长江沿线各省市洗舱水产生量

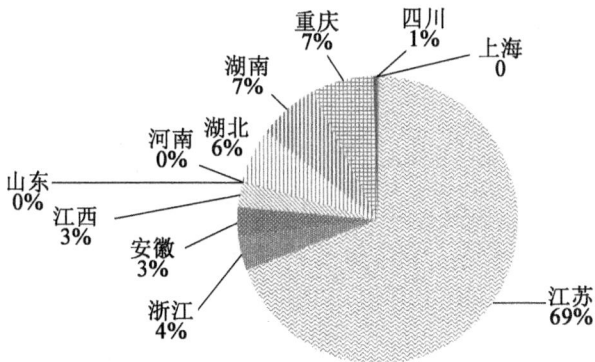

图 3-7 2020 年长江沿线各省市洗舱水占比情况

59 ◄

　　本书统计了长江沿线各省市 2014—2020 年液体散货吞吐量,并计算了洗舱水产生量。2014—2020 年各省市洗舱水产生量变化趋势如图 3-8 所示。由数据结果可知,除上海化学品洗舱水产生量有上升趋势外,其他省市洗舱水产生量均有所减少。

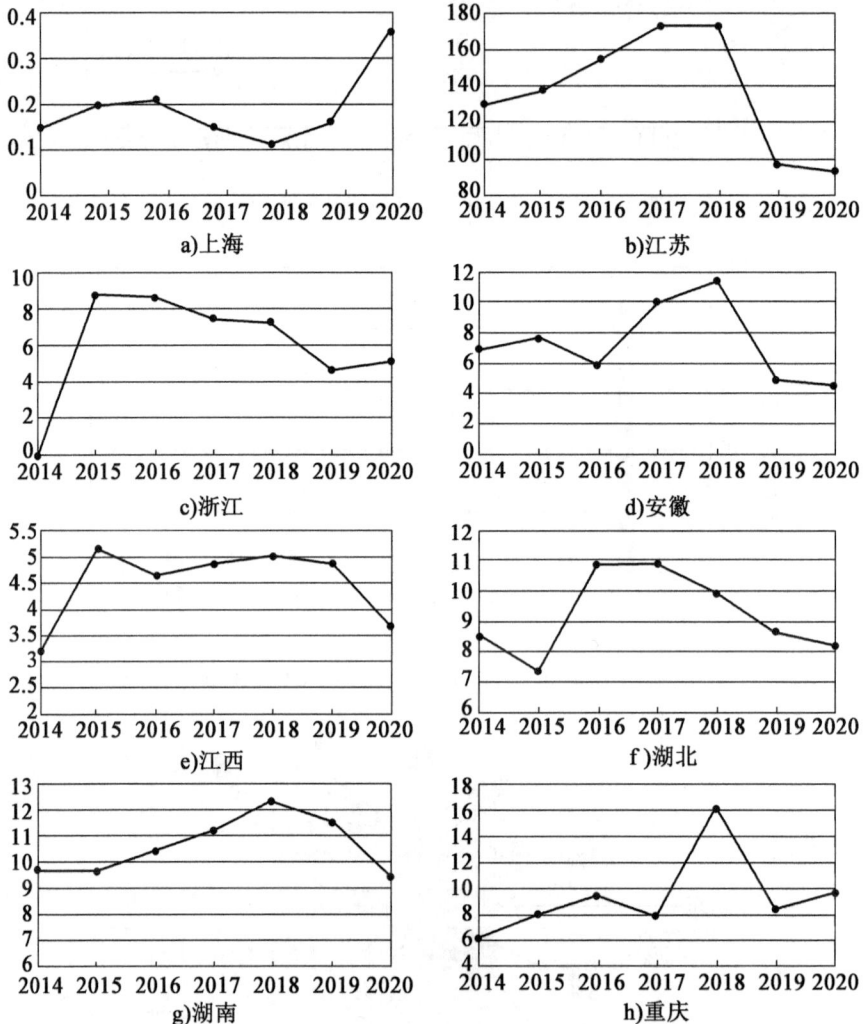

图　3-8

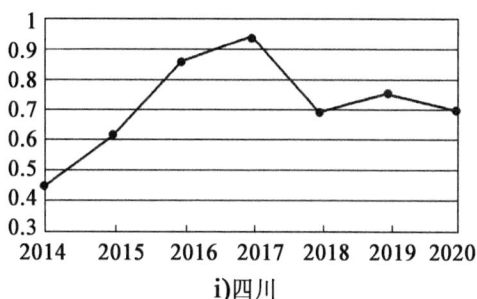

i)四川

图 3-8 2014—2020 年长江沿线各省市化学品洗舱水产生量变化趋势(万吨)

3.4 洗舱能力发展及规划情况

3.4.1 洗舱需求分析

3.4.1.1 换货洗舱

2018 年 3 月,为贯彻新发展理念,落实生态文明和美丽中国建设要求,加快构建长江经济带绿色发展轴,完善长江危险化学品运输安全保障体系,交通运输部发布了《长江干线水上洗舱站布局方案》(以下简称《布局方案》)。

根据《布局方案》,随着沿江石化产业向规模化集中化发展以及船舶大型化带来的船舶总艘次下降,预计到 2025 年长江危化品船舶换装洗舱需求增速有所放缓。但考虑到既有专船专用模式需空载返航影响运输企业经济效益,在未来洗舱能力供给充足的情况下,部分船舶将通过洗舱换装其他危化品以提高经济效益,洗舱需求总量还将稳步增长。内河危化品船舶强制预洗制度推行后,将进一步扩大长江沿线洗舱需求。综合以上因素,考虑装载货物与卸载货物一致或相容等强制预洗的免除条件,预测 2025 年长江沿线换装危化品货种所产生的洗舱需求约 6850 艘次。

61

3.4.1.2 维修及检验洗舱

根据相关规定,船舶上坞进行维修、检验及拆解等均需要洗舱。考虑当前长江危化品运输内河船舶数量和船龄情况,结合老旧船舶淘汰进程以及新建船舶规模等因素,预计 2025 年长江危化品船舶上坞所产生的洗舱需求约 1250 艘次。

3.4.2 长江洗舱能力

3.4.2.1 长江洗舱站发展情况

截至 2016 年,长江干线建有固定洗舱站 5 座,分布于重庆的长寿、涪陵,湖北武汉以及江苏南京,主要为本港口企业靠泊船舶提供清洗舱服务。长江干线洗舱站年洗舱能力为 1250 艘次,2016 年实际洗舱约 520 艘次。船舶洗舱后产生的含有毒液体物质由洗舱站配套污水处理站或外协单位处理。

洗舱过程一般为船舶靠囤—收集残留物料—蒸汽吹扫—洗涤—输送污水—污水处理,共六个步骤。5 座洗舱站中,仅有 1 座有后方处理设施,1 座有预处理设施,3 座仅为临时储存。洗舱蒸汽源主要来自锅炉,也有的来自后方热电厂。长江干线 5 个固定洗舱站作业范围及污水处理设施概况见表 3-1,2011—2015 年洗舱作业量见表 3-2。

长江干线固定洗舱站作业范围及污水处理设施概况　　表 3-1

站 点 名 称	洗舱作业范围	码头型式	靠泊能力（吨级）	污水处理设施	热源
重庆川维物流有限公司洗船中心(长寿)	油船、化学品船	趸船	3000	污水预处理（气浮）	后方热电厂蒸汽
重庆泽胜投资集团洗舱基地(涪陵)	油船、化学品船	趸船	5000	污水处理站	锅炉

续上表

站 点 名 称	洗舱作业范围	码头型式	靠泊能力（吨级）	污水处理设施	热源
重庆市平台船舶制造有限公司洗舱站（涪陵）	油船	趸船	3000	污水回收罐	锅炉
武汉南油船舶管理有限公司洗舱站（武汉青山）	油船	趸船改造	3000	污水回收罐	锅炉
南京长江油运公司洗舱站点（南京）	油船	油轮改造	50000	无后方污水处理设施	锅炉

长江干线固定洗舱站 2011—2015 年洗舱作业量　　表 3-2

站 点 名 称	作业量（艘次）					洗舱能力（艘次/年）
	2011	2012	2013	2014	2015	
重庆川维物流有限公司洗船中心（长寿）	29	45	78	148	90	250～300
重庆泽胜投资集团洗舱基地（涪陵）	45	89	132	162	182	300
重庆市平台船舶制造有限公司洗舱站（涪陵）	3	68	21	34		100
武汉南油船舶管理有限公司洗舱站（武汉青山）	24					—
南京长江油运公司洗舱站点（南京）	198			90 +	100 +	—
合计	299	202 +	231 +	344 +	272 +	

除 5 座固定洗舱站外,长江干线还存在部分流动洗舱作业船。该类船舶以小型液货船为主,其上配备简单的洗舱作业设备,一般在港

区内流动作业,并靠待洗舱船舶后为其提供洗舱服务。该类船舶洗舱后废水被排放至船舶液货舱中进行储存,并转至岸上处理排放。

3.4.2.2 长江洗舱站建设规划

基于沿江港口危化品吞吐量、长江危化品船舶换装需求以及大型石化产业园布局等发展态势,统筹考虑港区服务功能及修造船厂分布等因素,《布局方案》提出建设洗舱站的目标:到 2020 年共布局 13 处洗舱站,年设计总能力将达到 7800 艘次。从上游至下游布局分别为:重庆港 2 处,能力为 1200 艘次/年;宜昌港 1 处,能力为 600 艘次/年;岳阳港 1 处,能力为 600 艘次/年;武汉港 2 处,能力为 1200 艘次/年;九江港 1 处,能力为 600 艘次/年;安庆港 1 处,能力为 600 艘次/年;南京港 2 处,能力为 1200 艘次/年;江阴港 1 处,能力为 600 艘次/年;南通港 2 处,能力为 1200 艘次/年。

2025 年,按照完善区域洗舱服务能力以及适当加密的原则新增泸州港 1 处,能力为 300 艘次/年;南京港 1 处,能力为 300 艘次/年;镇江港 1 处,能力为 600 艘次/年;泰州港 1 处,能力为 600 艘次/年;年设计总能力 9600 艘次。在洗舱需求增长较快区域可适时研究新增洗舱站点。

长江干线洗舱站布局规划表见表 3-3。

长江干线洗舱站布局规划表　　　　　　　　　　　表 3-3

区段	港口	2020 年		2025 年		选 址 建 议
		洗舱站 (处)	洗舱能力 (艘次/年)	洗舱站 (处)	洗舱能力 (艘次/年)	
上游	泸州港			1	300	龙江港区
	重庆港	2	1200	2	1200	涪陵港区、长寿港区
中游	岳阳港	1	600	1	600	陆城港区
	宜昌港	1	600	1	600	枝江港区
	武汉港	2	1200	2	1200	青山港区、阳逻港区
	九江港	1	600	1	600	城东港区

续上表

区段	港口	2020 年		2025 年		选 址 建 议
		洗舱站（处）	洗舱能力（艘次/年）	洗舱站（处）	洗舱能力（艘次/年）	
下游	安庆港	1	600	1	600	皖河口港区
	南京港	2	1200	3	1500	大厂港区、栖霞港区、仪征港区
	镇江港			1	600	高桥港区
	泰州港			1	600	泰兴港区
	江阴港	1	600	1	600	石利港区
	南通港	2	1200	2	1200	江海港区、如皋港区
合计		13	7800	17	9600	

3.4.2.3 长江洗舱站建设现状

截至 2020 年底,根据《布局方案》的要求,长江干线基本建成 12 座洗舱站。

1）重庆(2 个)

(1)涪陵泽胜洗舱基地。

涪陵泽胜洗舱公司于 2012 年正式投入运行,是长江上游最早经过正规设计的专业化、规模化洗舱基地,解决了油品、危化品船舶洗舱难、污水处理难的问题,有效地控制了危化品船舶运输洗舱时对长江水体的污染。洗舱基地建成后,不仅满足了泽胜集团内部运输船舶的洗舱需求,还迅速成为长江上游洗舱公共设施,为长江上下游危化品运输企业提供货舱清洗、污水收集、污水处理全方位服务。

作为规划站点之一,涪陵泽胜洗舱基地(图 3-9)进行了二期技术改造升级,2016 年正式启动涪陵洗舱基地码头工程改扩建工程,建设 2 个 5000 吨级洗舱泊位,洗舱能力由每年 260 艘次提升到 400 艘次及以上,洗舱品种也由原来的 13 个扩展到 30 余个。

图3-9　涪陵泽胜洗舱基地

（2）长寿川维洗舱基地。

重庆川维物流有限公司船舶洗舱中心（图3-10）位于重庆川维物流有限公司码头4号泊位，2010年建成投用，原设计洗舱能力300艘次/年。洗舱介质主要为醇类、酯类、轻质油类、酸碱类。

图3-10　长寿川维洗舱基地

为达到《布局方案》洗舱站的建设目标，重庆川维物流有限公司对已建船舶洗舱中心进行升级改造。升级改造项目位于川维码头6号与7号泊位之间的水域，准备建设1座3000吨泊位，新配置1艘洗舱趸船，趸船上设置洗舱机、热水清洗系统、真空扫舱装置、污水收集装置、热力干舱装置、船舱换气设施，陆域设置污水预处理设施和废气处理设施,将实际洗舱能力从 300 艘/年提升至 500 艘/年。在原有洗舱介质的基础上,新增原油、重油、渣油、沥青等高黏度不易挥发油品和苯环类。

2)岳阳港

岳阳港危化品船舶洗舱站(图 3-11)是国家在长江流域首批规划建设的 13 座水上洗舱站之一。岳阳港洗舱站选址于岳阳港云溪港区云溪工业园作业区,码头位于恒阳石化码头和城陵矶港务公司码头泊位之间,核准占用岸线约 295 米,分两期建设 2 个 5000 吨级泊位,洗舱能力为 612 艘/年。

图 3-11 岳阳港危化品船舶洗舱站

洗舱站采用智能远程可视化控制,减少人工进入危险环境作业,提高工作安全性;同时利用生化反应 + 膜处理技术处理达标的尾水,回用于船舶洗舱,可达到节约用水、绿色环保的目的,进一步完善了长江危险化学品运输安全保障体系,为深入贯彻"生态优先、绿色发展"的理念、持续推进长江绿色航运发展提供了重要保障。洗舱站建成后将有效填补长江中游污染治理基础设施不足的短板。

3)宜昌港

2020 年 12 月 27 日,由中国长江航运集团有限公司投资建设的宜昌化学品船舶洗舱站(图3-12)正式投入运营。宜昌港枝江化学品船舶洗舱站位于罗家河待闸锚地水域,是长江上游与中下游结合的重要水域,分为A、B两个区进行建设,总用地114亩(76000m²)、岸线799米,是目前宜昌港唯一的洗舱站,也是宜昌港区唯一的污染物接收和处理专用码头。该洗舱站采取污水全自动化处理工艺、有毒气体检测、除臭和新风系统及无人值守巡检系统等工业智能4.0标准建设,实现达标的清洁水采用中水回用,是长江流域智能化程度最高、功能最齐全的化学品船舶洗舱及污染物接收、处置、转运设施。洗舱类型包括醇类(甲醇、乙醇、乙二醇)洗舱污水、酸类(盐酸、硫酸)洗舱污水、碱类(液碱)洗舱污水、其他(苯类、烷类)洗舱污水、含油污水。

图 3-12　宜昌化学品船舶洗舱站

4)武汉港(2个)

(1)武汉化学品船舶洗舱站。

武汉化学品船舶洗舱站(图3-13)是交通运输部《布局方案》规划布局的首批洗舱站之一,由长航集团投资建设,总投资3.24亿元,于2019年12月23日正式开工,2020年12月30日建成完成并投入使用。该洗舱站位于青山区化工园区,占地面积 3.7 万平方米,包括 2座 5000 吨级泊位码头、2 艘钢制趸船。整体工程由水工码头、洗舱趸船、陆域工程 3 个部分组成。该洗舱站可清洗包括酸类、碱类在内的多类 300 余种危化品,可同时满足两艘 5000 吨级船舶洗舱作业,洗舱能力达 600 艘/年。

图 3-13　武汉化学品船舶洗舱站

在智能化方面,该洗舱站开发了智慧洗舱运行系统,实行程控一键洗舱作业,大大提高了作业效率,有效避免了违章作业和误操作产生的安全风险。在节能环保方面,采用中水回用技术,回用于船舶洗舱、道路冲洗、绿化等,实现洗舱水绿色生态循环利用。

该洗舱站可服务武汉港及黄石、黄冈、鄂州等周边港口和水域,填补了这些地区化学品船舶洗舱及污染物接收、处置、转运设施的空白。

通过强化辖区到港的危化船洗舱水处理的监管,能够有效控制和减少船舶的违章排放,保护水域安全,完善长江危险化学品运输安全保障体系,推进长江生态环境保护、实现长江经济带绿色航运发展。

(2)南京油运武汉分公司洗舱站。

南京油运武汉分公司洗舱站是交通运输部《布局方案》规划布局

的武汉辖区首批洗舱站之一。目前由于各种原因,暂缓改扩建。

5)九江港

九江港湖口港区洗舱站(图3-14)位于湖口县金沙湾工业园。洗舱站新建2个5000吨级化学品、油品洗舱泊位及相应的配套设施,使用岸线长度为314m。每个泊位设置1艘90×15m钢质趸船,可用于对5000吨级的散装化学品船以及油船进行洗舱作业,建设规模为洗舱600艘次/年。主要建设内容(陆域部分)包括新建污水处理站(设计水量400m³/d,污水处理类型包括油类、苯类、碱类、酸类、醇类、其他类化学品、生活污水、初期雨水等)、锅炉房及锅炉房LNG储罐区、垃圾中转站以及生产生活辅助设施。

图3-14　九江港湖口港区洗舱站

6)安庆港

安庆市化学品船舶洗舱站(图3-15)是安徽省唯一一座洗舱站。该洗舱站位于安庆石化码头5号泊位下游,可满足5000吨级危化品船舶洗舱需要,设计最大年洗舱能力306艘次,建设总投资1.0305亿元。主要建设内容包括新增趸船1艘、污水储罐2座及趸船至储罐之间的水工建筑物、洗舱工艺设备、趸船改造、管线及水电等配套设施。

图 3-15 安庆港化学品船舶洗舱站

7）南京港（2 个）

（1）大厂港区扬子石化洗舱站。

大厂港区扬子石化洗舱站（图 3-16）位于长江下游南京河段八卦洲左汊，皇厂河口下游。该站主要由 2 艘 $75m \times 18m \times 2.5m$ 洗舱趸船、洗舱水处理系统、油气回收处理系统和配套工程系统四大部分组成，总投资超 2 亿元。该洗舱站具有高效、先进、全功能三大特点，可同时实现 2×3000 吨级或（$1000 + 5000$）吨级船舶的洗舱。处理种类包括醇类 8 种（包含甲醇、乙醇、乙二醇、丙醇、正丁醇、丁二醇、二乙二醇、二丙基庚醇），有机酸及其化合物类 7 种（包含甲酸、醋酸、丙酸、粗丙烯酸、醋酸乙烯酯、丙烯酸甲酯、丙烯酸丁酯），胺类 1 种（二甲基甲酰胺），醚及芳香烃类 6 种［包含 MTBE（甲基叔丁基醚）、甲苯、对二甲苯、邻二甲苯、混合二甲苯、重芳烃］，共计 22 种，年洗舱能力达 660 艘次及以上。

洗舱油气处理采取当今最先进的 CEB 超低排放燃烧技术，VOCs 有效去除率可达 99% 及以上。洗舱水处理依托扬子石化水厂，采取气提、隔油、强化气浮、二级生化技术，处理能力、效果和抗冲击能力强，每天可处理洗舱污水 240 吨。

（2）龙潭港区洗舱站

龙潭港区洗舱站（图 3-17）位于龙潭港区龙江路下游，杨家沟河

71

口段,投入运营的"长航洗舱1"洗舱趸船总长130m,型宽21m,型深6m,每年可满足长江600艘次船舶洗舱,为长江流域目前最先进的多功能洗舱趸船。基于该洗舱站的数字化管理系统,将来可与海事、环保管理机构实行无缝对接,快速处理相关业务,切实提高船舶效率,着力打造"一站式"洗舱服务平台。洗舱站采用最新的设计方案,立足一站式服务平台,具备全国首创、目前最先进的油污水资源化利用处理工艺。其具备两大工艺特色:一是该工艺能将油污水中的油分离出来,进行资源化利用;二是分离出来的水能够再循环用于船舶洗舱,真正实现绿色环保洗舱。此外,该洗舱站兼备洗舱、污染物接收以及污油水处理三大服务功能。

图3-16　大厂港区扬子石化洗舱站

图3-17　龙潭港区洗舱站

南京的这两处洗舱站功能定位高、投资规模较大、洗舱品种齐全,具备船舶洗舱及化学和油品污水一体化处理能力,均是目前长江沿线最为专业化、规模化、集约化的洗舱站,能满足南京港船舶油品及化学品洗舱需求,对提升长江下游船舶污染物接收、转运和处置能力,构建服务长江流域船舶水污染治理体系意义重大。

8)江阴港

江阴港洗舱站(图3-18)项目于2020年12月顺利通过洗舱调试运行验收,标志着江阴港洗舱站已具备前沿洗舱、内部转运、后方接收洗舱水的能力,为长江保护再添一道屏障。

图3-18 江阴港洗舱站

江阴港水上洗舱站由江苏丽天石化码头有限公司利用既有码头设施改扩建而成,是我国在长江干线流域首批布局建设的13处洗舱站之一,建成后将具有每年600艘次的洗舱能力,不仅可填补江阴船舶洗舱能力的空白,更能满足江阴与周边地区船舶的洗舱需求,为后期向长江航运船舶提供全流程洗舱服务奠定了基础。

9)南通港(2个)

(1)南通市阳鸿石化洗舱站。

2020年7月2日下午,南通市阳鸿石化洗舱站(图3-19)首船洗舱作业正式启动,装载混合芳烃的 3000 吨"涤海 3"油轮成为该洗舱站首艘接受洗舱服务的船舶。

图 3-19 南通市阳鸿石化洗舱站

南通阳鸿洗舱站设计船舶洗舱能力达 600 艘/年,利用现有石化码头布置了 3000 载重吨级油品及液体化工油品船舶泊位,开展洗舱作业,同时在后方库区新建一座洗舱污水处理站,年污水处置能力为 3 万吨。洗舱可覆盖八大类品种(甲醇、甲苯、二甲苯、丙酮、丁酮、硫酸、燃料油、润滑油、汽油、柴油),暂不具备酸碱类货物的洗舱能力,但基本能满足到港船舶需求。

该洗舱站洗舱工艺考虑采用智能加人工相结合的方式,不仅能减少水和化学品的使用量,还能减少人工进舱作业,以提高工作的安全性。污水经处理后,部分污水满足回用水标准,回用于船舶洗舱,可达到节约用水、绿色环保的目的。

(2)南通市中化南通水上洗舱站。

2020 年 6 月 24 日上午,长江干线中化南通水上洗舱站(图 3-20)首船洗舱作业正式启动,载重吨为 3000 吨,洗舱前装载 92 号汽油的"佳跃 6"油轮成为该洗舱站首艘接受洗舱服务的船舶。该洗舱站是南通市在全省率先开工、率先建成、率先投运的两座洗舱站之一,从此长江干线南通段具备了化学品船舶洗舱服务能力,长江大保护再添新"屏障"。

江海港区中化南通码头是长江干线海进江的第一座洗舱站,可为长江上海段、江苏段的油品及液体化工品等船舶提供洗舱服务,洗舱后可实现"汽不上天,油不落地",有效清理每个环节污染物。

图 3-20 中化南通水上洗舱站

这两座洗舱站高起点规划、高标准建设,设计船舶洗舱能力各为600 艘/年,均利用现有石化码头布置了一个 3000 载重吨级油品及液体化工品船舶泊位开展洗舱作业,同时在后方库区新建了一座洗舱污水处理站,预计处理能力可达 3 万吨/年,满足前方洗舱产生的化工污水达标处理要求。

第4章

船舶洗舱和洗舱水处理技术

4.1 船舶洗舱技术

4.1.1 散化船洗舱方法

换货洗舱的方式,根据船舶是否自带洗舱设备有所区别。内河船基本没有自洗舱设备,需要洗舱站或洗舱船提供蒸汽、淡水及移动式洗舱机进行洗舱,洗舱水需要上岸接收;海船带有自洗舱设备,对于载运 X 类物质、高黏度 Y 类物质以及未能按规定程序卸货的 Y 类、Z 类物质的船应在离开卸货港之前进行洗舱,洗舱水必须上岸接收,其他情况可将洗舱水临时储存在船上,按规定在外海排放。

散化船的洗舱方法按介质不同可分为水洗舱、酸洗舱、碱洗舱和化学清洗剂洗舱等四种。其中,水洗舱分为海水洗舱和淡水洗舱,而化学清洗剂洗舱根据清洗剂在货舱清洗中所起作用的不同又分为溶剂洗舱、表面活性剂洗舱、乳化剂洗舱和皂化剂洗舱。

国外研究和介绍散化船洗舱作业的技术资料通常为相关公司针对其产品编制的。例如,日本的 NEOS 公司专门编制了一份洗舱指南,它详细地介绍了如何使用 NEOS 的 FD-1 和 FD-20 等清洗剂洗舱作业方法;美国的德鲁(Drew)公司也根据它的产品编制了详细的洗舱说明;采取类似做法的还有挪威的优力特(Unitor)公司。

散化船的洗舱作业并没有固定的模式或方法,只能根据上载货物的特性和本船洗舱系统的工作性能选用不同的介质进行洗舱。有时即使用同一种洗舱介质,但洗舱水的压力、化学清洗剂的浓度、洗舱水的温度、清洗的时间、洗舱机在舱内的位置甚至船舶的横纵倾等因素都会影响到最终的洗舱效果。船上备有的《洗舱指南》或《洗舱手册》仅仅是一份有价值的建议,在实际操作过程中,每次进行洗舱作业,船长应根据航次命令,在和租船人沟通的基础上,了解下航次货物对货舱的具体要求,充分考虑到上载货物的特性和本船实际情况,采用既经济又安全还能满足下一航次装载货物要求的洗舱方式。

4.1.2　散化船洗舱环节

船舶洗舱有蒸舱、通风、洗舱、擦舱等四个过程。蒸舱时,一般采用高压热水,对与水有化学反应的货物洗舱可使用化学清洗剂。洗舱产生的油污水及使用化学清洗剂洗舱的污水、洗舱水由岸上接收设施接收。对货物污液、油污水、洗舱水应经处理系统处理且经检测达到排放标准后进行排放,对擦舱作业产生的残余污染物、油泥、垃圾、棉纱等同时进行妥善处理,可有效防止货物污水及其他污染物造成水域污染。

常规洗舱环节如下。

(1)通过装货管线缓慢注入适量海水,并缓慢排出:主要目的是将货舱内无法泵出的货物残余尽量减少,减少可燃气体和有毒气体的后续产生,以保证后续洗舱的安全。

由于化学品无法做到隔绝氧气进行完全惰化,因此在后续通风过程中,燃烧三要素都无法被完全控制,所以首先只能控制热源,然后通过减少舱内的货物残留物降低可燃气体进入爆炸极限的时间。

(2)冷海水的清洗:主要是利用海水具有一定的碳氢去除的能力,有时候需要适当地添加洗涤剂,对货舱进行彻底的初级清洗,一般需要 1~2 小时。针对上载货物碳氢成分组合不同,需要适当增加此步骤时间。同时,货管的清洗需要比货舱的清洗需要更大的水量和更长的时间。完成冷水洗舱之后要做到测氧测爆,为后续的热海水洗舱提供安全保证。

为降低风险,冷海水洗舱可分为两个阶段,在两个阶段中均要通风,彻底清除舱内可燃气体。在洗舱和通风的转换过程中,需要注意洗舱中集聚静电的释放,洗舱结束需要半小时左右的静置后方可打开舱盖或通风。通风中应先使用 PV 阀进行通风,防止可燃的风险。

(3)热海水清洗:利用热海水的更强的清洁能力,彻底去除碳氢的微小颗粒物质或者大分子的颗粒物质,包括使用洗涤剂中的碳氢物质。热水洗舱可能导致化学物质分解,形成新的烃基物质,造成可燃可爆风险。

(4)冷淡水和热淡水的清洗:主要是为了去除氯离子的影响,包括安全前提下的蒸舱行为,是充分利用淡水和蒸汽去稀释并去除氯离子,达到要求的。

货管等货仓附属件的氯离子清洗去除的时间比货舱清洗时间要长。海水中含有的氯离子,本身存在电化氧的特性和吸附不锈钢舱壁的特性,氯离子吸附不锈钢并通过氧离子的吸收而破坏不锈钢钝化膜(氧化膜),应尽可能避免海水污水存放污水舱或者污水舱清洗之后没有进行淡水洗舱,清除氯离子的情况。

(5)蒸舱:目的包括去除异味(货物的最后残余物质)、加快干舱和去除微量氯离子。但实际操作中,对于去除异味和加快干舱,需要更多的蒸汽在舱内交换。而氯离子的去除更多的是利用蒸汽冷凝水的低氯离子含量来清洗舱壁和货管处的氯离子,达到更高的标准。

蒸舱之前须测氧测爆,保证无可燃气体,方可进行。蒸舱首先是清除碳氢残留,防止长时间的高温蒸汽导致碳氢物质的分解和聚合。蒸舱环节中的碳氢聚合物极易附着在舱壁上,因此应控制并排放含有碳氢的蒸汽。蒸舱对于氯离子的清除,是通过低氯含量的蒸汽形成的冷凝水冲刷舱壁而起效果,因此需要大量的冷凝水。在实际控制中,提前对船上淡水、锅炉水、锅炉蒸汽的氯离子化验十分重要,越低的氯离子蒸汽冷凝水对舱壁的氯离子去除越有效。船上蒸馏水喷洒舱壁也是氯离子较好的去除方式,同时避免蒸舱环节中可能导致的碳氢指标的增加。

(6)甲醇擦拭:需要注意甲醇蒸汽对人体尤其是眼睛会造成伤害。甲醇有较好的清除碳氢的能力,在实际中,地板脚线上布置湿毛巾及时吸附流淌下来的甲醇可以有效防止大量甲醇蒸汽的散发。甲醇擦拭对于舱壁的氯离子和碳氢离子的清除也有一定的效果。

4.1.3　国内主要洗舱站洗舱工艺

(1)重庆川维洗舱基地

洗舱流程:

真空系统彻底扫舱→氮气吹扫→蒸汽蒸舱→洗涤剂洗舱→清水洗舱→抹舱风干→船舶离港。

真空扫舱:作业船舶按行业要求安全靠泊,利用氮气或压缩空气将物料管线(及液货泵)内的残液吹入船舱内,或将管线内的残留水分吹扫干净。

氮气置换:利用0.8MPa氮气对船舱进行彻底吹扫,吹扫后进行除气作业,将船舱内的有机废气抽出,送至废气处理中心处置。

蒸汽蒸舱:对于上航次装载油和非水溶性且允许使用蒸汽的化学品的船,用0.5MPa/180℃蒸汽蒸扫管道和液货舱。

蒸舱完毕,对货舱进行机械通风、除气和冷却。该过程会产生有机废气。

洗涤剂洗舱:用清洗液(专用洗涤剂溶液)对货舱壁进行全面刷涂,彻底刷掉油污;或用高压清洗机直接喷射清洗液进行高压冲洗;清洗后初步查验,无油迹,进入下一步操作。

清水洗舱:对水溶性化学品(如甲醇等),进行蒸汽蒸舱步骤后,直接用水冲洗液货舱,并用清水对管道进行清洗;针对洗涤剂洗舱后的船只利用清水冲洗,进一步清洁舱内杂质。

抹舱风干:用压缩空气对管线进行吹扫,至管口无湿痕;然后进行验舱,合格后用机械通风吹干货舱后船舶驶离。

(2)宜昌港枝江港区洗舱站

洗舱流程:

残液清扫→危险气体置换→洗舱机预洗→抽预洗水→蒸汽蒸舱→通风→智能冲洗→抽冲洗水→管线吹风→船舱风干。

采用真空泵将船舱内残留化学品抽至趸船上对应的化学品污液中转仓,残余液体清理完毕后采用氮气进行气体置换,置换出的废气通过趸船上的油气冷凝装置处理后,冷凝的液体进入相对应的中转仓,不凝气通过经趸船透气桅进行排放。

清洗船舱前需进行检测舱内可燃气体含量及氧含量,舱中可燃气体保持在燃烧下限 10% 以下,氧气含量为 5% ~8% 时方可开展洗舱作业。采用洗舱机对符合要求的船舱进行预洗,清洗后将废水抽至趸船对应的中转仓。

采用蒸汽进行蒸舱,蒸舱整个过程中保持舱内的呼吸阀和透气管畅通,且与别处舱室全部隔断,饱和蒸汽需缓慢通入舱内,蒸舱前期的 20 分钟内蒸汽压力要控制在 0.2MPa 以下;20 分钟后,蒸汽压力可以保持在 0.4~0.5MPa 范围内,蒸舱时间为 1.5h。

蒸舱完成后进行通风,再次对舱室进行冲洗,将冲洗水再次泵入趸船相对应的污液中转仓内,对管线及船舱进行自然烘干。

(3)九江港湖口港区洗舱站

洗舱流程:

残液清扫→危险气体置换→洗舱机预洗→抽预洗水→蒸汽蒸舱→通风→人工冲洗→抽冲洗水→管线吹风→货舱风干。

①扫残液。

用真空泵和真空罐的真空对液货舱内的残液进行清扫,残液扫进真空罐,到一定的容量泄放至污液收集舱。

②危险气体置换。

运输危险性较大的油品和化学品空舱残存有少量液货和可燃或有毒气体,洗舱操作存在较大危险,洗舱前用氮气置换液货舱内的可燃或有毒气体,保证洗舱安全。

③预洗。

布置在泵舱的洗舱泵抽吸储水舱的水,供自动洗舱机自动洗舱。为了提高冬季低水温时的洗舱效果,趸船设有洗舱水蒸汽混合加热器,布置在趸船甲板上,加热功率满足洗舱水加热温度的要求,用蒸汽加热洗舱水,根据不同的货物、不同的季节设定不同的洗舱水温度,洗舱效果和速度有较大的提高,特别是黏度较大的油品和液货舱。

④抽排预洗污水。

预洗的污液可用运输船上的主货泵或扫舱泵输送到本船的污液舱,同时可清洗液货系统管路。趸船自吸式洗舱泵也可抽吸洗舱污水。

⑤蒸舱。

自动洗舱机冲洗不掉的油渍和污垢,用高温蒸汽蒸舱后,使其松动或流动,便于冲洗。

⑥液货舱通风。

将蒸舱后的水蒸气、残留部分危险气体置换掉,便于人工下去冲洗。

⑦人工冲洗。

人工用高压水枪冲洗自动洗舱机冲洗不到的油渍和结垢。

⑧抽除冲洗水。

人工冲洗的洗舱污水可用运输船上的扫舱泵输送到趸船的污液舱,同时清洗液货系统管路。趸船自吸式洗舱泵也可抽吸洗舱污水。

⑨管线吹干。

趸船设有压缩机,产生的压缩空气经减压后,通过空气管道和货物管道将货物系统设备及管线内的水分和水汽吹干,为了加快吹干速度,压缩空气管道上设有蒸汽加热器,加热吹干管线的压缩空气。

⑩液货舱吹干。

趸船设有通风机,再通过通风管道将风送至各货舱,吹干洗舱后的少量积水。

(4)南京港大厂港区扬子石化船舶洗舱站

洗舱作业主要由船舶管系扫线、惰化、船舱清洗、除气和清舱等作业环节组成。

洗舱船舶靠泊完成后,首先使用氧含量不超过5%的氮气对船舶管线和船舱进行惰化吹扫,排出管线及船舱内的残存化工品舱气。

管线与船舱惰化完成后,利用蒸汽或热水对船舱进行蒸汽清洗或热水清洗,清除舱壁及舱底的附着残存物料。

船舱清洗完成后,打开舱口通风,防止舱内局部区域可能存在气囊等人工清洗造成的安全隐患。

通风完成后,工人对船舱死角进行清扫,最后船舱自然晾干。

(5)南京龙潭洗舱站

洗舱流程:

①油船洗舱:残液清扫→危险气体置换→热水洗舱机预洗(蒸汽和水混合得到的热水)→抽预洗水→蒸汽蒸舱→通风→人工冲洗→抽冲洗水→被洗船液货管干燥处理→被洗船液货舱干燥处理。

②化学品船洗舱:残液清扫→危险气体置换→移动洗舱机洗舱(不溶于水的化学品舱壁清洗时需添加洗涤剂进行清洗)→抽除洗舱水→通风→人工冲洗→抽冲洗水→被洗船液货管干燥处理→被洗船液货舱干燥处理。

(6)中化南通洗舱站

船舶管系扫线:在洗舱作业前对船舶货物管系和扫舱管系进行扫线,利用合适的扫线介质将管系内的残余货物扫入船舱。

液货舱惰化和舱气回收:开舱清洗前需将惰性气体注入封闭的

船舱,降低液货舱内气体的氧含量,保证作业安全,再将船舱内的废气通过码头管线引至陆域区域中的废气处理装置进行处理。

蒸舱:向洗舱船舶中注入0.6MPa饱和蒸汽,清除船舱内的残余货物并排空洗舱水,蒸舱过程中的舱气通过码头管线引至陆域区域中的废气处理装置进行处理,对于部分承运高黏度介质的船舱,需进行多次蒸舱。

洗舱:蒸舱后再利用洗舱机通过自来水对船舱进行清洗,清除舱内残余货物并排空洗舱水,洗舱过程中的舱气通过码头管线引至陆域区域中的废气处理装置进行处理。

除气:洗舱完毕后,打开每个船舱舱盖,用干燥压缩空气同时向每个船舱通风,测船舱气体质量(测氧、测爆、测毒),气体检测合格后,工作人员进入船舱进行清舱作业。

清舱:对船舶液货舱进行清理,收集、转移残渣和少量洗舱水并清洁船舱的作业。人员入舱,完成前工序未完成的作业,如舱内局部清理,收集、转移少量洗舱水并清洁船舱的作业,特别是对于载运重质油品或高黏度介质的船舶,还需进行收集、转运舱内油泥等作业。清舱完毕后,继续用干燥压缩空气吹干船舱,验舱合格后,准备驶离码头。

4.2 洗舱水处理技术

4.2.1 船舶污水处理方法

目前船舶污水处理方法可以分为两大类,分别为物理法和化学法。

4.2.1.1 物理法

(1)重力分离法:利用重力作用原理使废水中的悬浮物与水分

离,去除悬浮物质而使废水净化的方法,可分为沉降法和上浮法。悬浮物比重大于废水者沉降,小于废水者上浮。影响沉淀或上浮速度的主要因素有颗粒密度、粒径大小、液体温度、液体密度和绝对黏滞度等。此种物理处理法是最常用、最基本的废水处理法,应用历史较久。目前本法只作为污水的预处理或初级处理而有所应用,若要实现达标排放,后续必须采取更有效的处理设施。

(2)絮凝沉淀法:絮凝沉淀法可分为投加絮凝剂法和电絮凝法。常用的絮聚剂有硫酸铝、硫酸亚铁、三氯化铁、聚合氯化铝、聚合硫酸铁等无机混凝剂和聚丙烯酰胺等有机絮凝剂。通常,有机絮凝剂的效果较好,但价格较高。为了加强絮凝效果,可将不同电荷类型的两种絮凝剂复合使用。电絮凝法指利用电的解离作用,在化学凝聚剂的协助下,除去废水中的污染物或把有毒物转化为无毒物的方法。电絮凝的反应原理是以铝、铁等金属为阳极,在直流电的作用下,阳极被溶蚀,产生 Al、Fe 等离子,在经一系列水解、聚合及亚铁的氧化过程,发展为各种羟基络合物、多核羟基络合物以及氢氧化物,使废水中的胶态杂质、悬浮杂质凝聚沉淀而分离。同时,带电的污染物颗粒在电场中泳动,其部分电荷被电极中和而促使其脱稳聚沉。废水进行电解絮凝处理时,不仅对胶态杂质及悬浮杂质有凝聚沉淀作用,而且阳极的氧化作用和阴极的还原作用能去除水中多种污染物。

(3)过滤法:过滤法是使含油污水流过颗粒介质滤床,利用惯性碰撞、筛分、表面黏附、聚并等作用把微小油滴截留在过滤介质表面并聚集成大油滴而上浮分离的处理方法。常用滤料有石英砂、无烟煤、玻璃纤维、高分子聚合物等。该法可有效去除含油废水中的分散油和乳化油成分。一般用于二级处理或深度处理。

过滤法设备简单、投资省、操作方便,但处理速度较慢,随着运行时间的增加,过滤介质表面形成逐渐增厚的油膜,使阻力增加,有可能出现油膜被突破的危险,所以必须进行反冲洗,清除过滤介质表面的杂质,以保证正常运行。

（4）吸附法：利用多孔固体吸附剂对含油废水中的溶解油及其他溶解性的有机物进行表面吸附，从而使其与水分离的方法。吸附过程是个放热过程，吸附剂的加入可降低油污水的表面能，使吸附过程进行。但吸附过程存在一定的限度，饱和后须对吸附剂进行再生以重复应用，但再生不能完全恢复原有的吸附能力，故需经常补充或更换吸附材料。目前较为常见的多孔吸附剂主要有金属有机框架（MOF），生物碳、活性炭、人造沸石或者天然矿物等。其中活性炭是最常用的吸附剂，对有机物的吸附容量较大，但价格较高、再生复杂，所以目前只用于水质较好，或者有机污染浓度不太高的污水的多级处理工艺的最后一级。天然矿物在自然界中分布广泛，如高岭土、海泡石、蒙脱石、硅藻土、沸石等天然矿物来源广泛，价格低廉，具有取代传统的高成本处理重金属废水方法的潜力，改性之后对重金属离子有更好的效果。例如，用廉价的天然矿物吸附剂、粉煤灰或炉渣等废料可替代活性炭，但废渣的处置仍是一个问题。

4.2.1.2　化学氧化法

（1）1987 年，美国科学家 Glaze 等人将水处理过程中以羟基自由基（·OH）作为主要氧化剂的氧化过程称为 AOPs（Advaneed Oxidation Processes）过程，即高级氧化过程，用于水处理时则称为 AOP 法（高级氧化法）。当时提出的典型的 AOPs 过程有光化学氧化、声化学氧化、臭氧氧化、Fenton 氧化等。高级氧化技术又称为深度氧化技术，以产生具有强氧化能力的·OH 为特点，在高温高压、电、声、光辐照、催化剂等反应条件下，使大分子难降解有机物氧化成低毒或无毒的小分子物质。

（2）光化学氧化法：由于反应条件温和、氧化能力强，光化学氧化法近年来迅速发展，但由于反应条件的限制，光化学氧化法处理有机物时会产生多种芳香族有机中间体，致使有机物降解不够彻底，这成为光化学氧化需要克服的问题。

光化学氧化法可分为光激发氧化法和光催化氧化法。光激发氧化法主要以 O_3、H_2O_2、O_2 和空气作为氧化剂,在光辐射作用下产生·OH;光催化氧化法则是在反应溶液中加入一定量的半导体催化剂,使其在紫外光的照射下产生·OH,两者都是通过·OH 的强氧化作用对有机污染物进行处理。

(3)声化学氧化法:声化学氧化中主要是超声波的利用。超声波法用于有机污染废水处理的主要有两个方面:一是利用频率在 15kHz ~ 1MHz 的声波,在微小的区域内瞬间高温高压下产生的氧化剂(如·OH)去除难降解有机物。另外一种是超声波吹脱,主要用于废水中高浓度的难降解有机物的处理。

(4)臭氧氧化:臭氧作用于水中污染物有两种途径——一种是直接氧化,即臭氧分子和水中的污染物直接作用。这个过程臭氧能氧化水中的一些大分子天然有机物,如腐殖酸、富里酸等,也能氧化一些挥发性有机污染物和一些无机污染物,如铁、锰离子。直接氧化作用缓慢,且具有一定的选择性,即臭氧分子只能和水中含有不饱和键的有机污染物或金属离子作用。另一种途径是间接氧化,即臭氧部分分解产生羟基自由基和水中有机物作用。间接氧化反应相当快,具有非选择性,能够和多种污染物反应。

(5)Fenton 试剂法:1894 年首次研究表明,H_2O_2 在 Fe^{2+} 离子的催化作用下具有氧化多种有机物的能力。过氧化氢与亚铁离子的结合即为 Fenton 试剂,其中 Fe^{2+} 离子主要是作为同质催化剂,而 H_2O_2 则起氧化作用。Fenton 试剂具有极强的氧化能力,特别适用于某些难生物降解的或对生物有毒性的工业废水的处理,所以 Fenton 氧化法越来越受到人们的关注。

Fenton 试剂是由 H_2O_2 和 $FeSO_4$ 按一定摩尔比混合而成的一种强氧化剂,兼有氧化和凝聚作用。对于各种有机物均有较高去除效率,但该法会使污泥量增加,而且 H_2O_2 和 $FeSO_4$ 有效用量显著地受废水杂质的影响。另外,该法氧化处理最佳 pH 值在 3 左右,所以处理前需用酸调节 pH,处理后需用碱调节废水至弱碱性以完成凝聚过程。因此酸、碱药品消耗量较大。

4.2.2　国外洗舱水处理方法

国外主要利用电絮凝法(electro-coagulation)和吸附法处理洗舱水。其中,电絮凝法较为常见,对于洗舱水中的金属和有机物均有较好的处理效果。该方法适用范围广,在不同的 pH、初始污染物浓度下,对于悬浮固体、金属(铁、镍、铜、锌、铅、镉)、油类脂类及各种有机物均有较好的处理效果。电絮凝法的缺点是能耗较高。

利用吸附法处理废水成本低廉,方法简单,很受欢迎。国外常用的吸附剂包括金属有机框架、活性炭、自然纤维、工业及农业废物等。这些吸附剂的理化性质对于吸附效果的影响十分显著,但吸附剂容易失活且无法从根源消除污染物质。因此,我们需要对吸附剂进行改性。

4.2.3　国内洗舱水处理方法

4.2.3.1　目前国内洗舱水处理技术

化学品洗舱水通常由接收单位接收后排至港口或化工园区化学品污水处理厂进行处理。化学品污水处理厂主要采用活性污泥法,并辅以电解法、酸碱调节、生物膜过滤等处理工艺。

为开发新型高效的洗舱水处理技术,很多研究者开展了大量的相关研究。陈思莉等研究了芬顿试剂处理港口化学品模拟废水,取得一定的处理效果。汪晓军等采用隔油气浮—曝气生物滤池—臭氧氧化组合工艺,对 COD(化学需氧量)进水 1200mg/L 的化学品废水进行了工程化应用,出水可回用作生活杂用水。李楠等研究了微波强化催化湿式过氧化氢氧化技术模拟处理苯酚废水,吨废水处理成本控制在 100 元以内。丛丛等采用臭氧 – 曝气生物滤池工艺对广东某港口化学品废水进行处理。针对此类废水 COD 高、水质变化大、成分复杂的特点,探讨了废水的初始 pH、臭氧投加量和催化剂等因素对臭氧氧化的影响,臭氧对废水可生化性的改善情况、不同曝气生物滤池停留时间对废水 COD 去除率的影响。处理后废水达到排放城市污水处理厂的废水接纳标准。

此外,根据实地调研,一些洗舱站的洗舱水处理工艺采用临氧裂解技术,将废水进行过滤预处理,除去机械杂质后使其进入蒸发装置,废水蒸发后进入临氧裂解反应器,使大分子有机物裂解为小分子有机物,进一步氧化成二氧化碳和水。已建的长江干线洗舱站,洗舱过程一般包括船舶靠囤—收集残留物料—蒸汽吹扫—洗涤—输送污水—污水处理,共六个步骤。运送至化工园区处理废的危化品洗舱水,排放标准主要依据《石油化学工业污染物排放标准》(GB 31571—2015)。

4.2.3.2　长江已建洗舱站洗舱水处理工艺

1)重庆川维洗舱基地

针对含油废水进行破乳反应,在进入气浮装置去除油类和 SS,针对酯类废水进行皂化反应,针对苯类废水进行芬顿氧化处理,最后混凝沉淀去除渣量进入生化系统,经过强制水解酸化 + UASB 厌氧 + 接触氧化池 + 二沉池,最后通过清水池泵体。

2)宜昌港枝江港区洗舱站

在洗舱水预处理阶段,采用隔油沉淀 + 破乳 + 两级气浮 + 芬顿组合工艺。处理阶段采用生化法,包括水解酸化 + A/A/O;深度处理:臭氧氧化 + MBR 膜。

陆域污水处理工艺如下。

碱类污水:碱类污水收集池→外运至有资质单位处理;

酸类污水:酸类污水收集池→外运至有资质单位处理;

苯类污水:苯类污水收集罐→外运至有资质单位处理;

含油污水：油类污水收集罐→隔油沉淀→破乳→两级气浮除油→调节→芬顿氧化→一级 A/O 池→沉淀→二级 A/O 池→MBR（水处理工艺）→臭氧氧化→污水处理厂；

醇类污水：醇类污水收集罐→调节→芬顿氧化→一级 A/O 池→沉淀→二级 A/O 池→MBR→臭氧氧化→污水处理厂。

3）九江港湖口港区洗舱站

洗舱站首先对污水进行预处理，对于污水中难生物降解的有机物，采用芬顿氧化工艺进行预处理。预处理后采用水解酸化、生化法等处理工艺对污水进行处理，处理后的污水部分进入园区污水处理厂，部分会用于洗舱，具体见表 4-1。污水处理能力为 $500m^3/d$。

处理工艺一览表 表 4-1

序号	废 水 种 类	预处理工艺	生化处理工艺	去　向
1	含油废水	隔油沉淀 + 破乳 + 两级气浮 + 芬顿氧化	水解酸化 + A_2O + A/O	50% 进入园区污水处理厂；50% 经 MBR 工艺回用于洗舱
2	含苯废水	隔油沉淀 + 破乳 + 两级气浮 + 芬顿氧化		
3	醇类废水	—		
4	酸碱废水	酸碱中和		
5	其他化学品废水	隔油沉淀 + 破乳 + 两级气浮 + 芬顿氧化		

4）南京港大厂港区扬子石化船舶洗舱站

洗舱水管线从趸船沿活动钢引桥、引桥、跨堤桁架、陆域管廊至水厂净-污水处理装置。洗舱作业主要由船舶管系扫线、惰化、船舱清洗、除气和清舱等作业环节组成。

液体化学品船洗舱水流程为：液体化学品船→码头趸船（码头平台）→转输泵→码头管线→陆域管廊→洗舱水预处理站。具体工艺见表 4-2。

洗舱废水处理工艺   表 4-2

序号	废水种类	是否溶于水	密度	处理方式
1	醇类(包含甲醇、乙二醇、正丁醇等);有机酸类(甲酸、乙酸、丙酸、乙酸乙烯酯等)	溶于水	0.79～1.11	中和后再厌氧生化,再好氧生化处理
2	芳香烃类(甲苯、对二甲苯、邻二甲苯、混二甲苯、重芳烃、丙烯酸丁酯、二丙基庚醇)	不溶于水	0.86～0.9	隔油气浮后再水解酸化,再生化处理
3	二甲基甲酰胺、粗丙烯酸、丙烯酸甲酯	溶于水	0.94～1.05	缓慢进入厌氧生化再水解酸化,再好氧生化处理
4	甲基叔丁基醚	微溶于水	0.74	汽提后再水解酸化,再好氧生化处理

5)南京港龙潭港区洗舱站

该洗舱站陆域污水处理站工艺为:酸碱类洗舱废水经中和预处理,脂类、酮类、醛类、烯类、醇类、苯类洗舱废水经"隔油+气浮+零价铁+芬顿+混凝沉淀"工艺进行预处理,连同其余洗舱废水一起进入生化系统(厌氧池+PTA2O+混凝沉淀+流沙过滤器+次氯酸钠消毒)处理,出水满足《城市污水再生利用城市杂用水水质》(GB/T 18920—2020)后,回用于绿化和道路清扫。

6)江阴港洗舱站

该洗舱站含油洗舱水依托后方罐区现有的一座含油污水预处理站进行处理,该污水预处理站处理能力为240t/d,处理工艺流程为:pH调节→铁碳微电解→pH调节→絮凝反应澄清→一级生物氧化池→二级生物氧化池→斜管沉淀池→中间水箱→生活活性炭过滤→污水汇集池。经污水预处理站处理后的污水达到园区接管标准后,送至江阴市利港污水处理有限公司进行进一步处理。

化工品洗舱水采用临氧裂解技术进行处理,该处理方法将废水进行过滤预处理,除去机械杂质,然后进入蒸发装置,废水蒸发后以气态方式与空气、废气混合,进入临氧裂解反应器,在固体催化剂上发生临氧裂解作用,反应温度400℃左右,压力常压,使大分子有机物裂解为小分子有机物,再进一步发生氧化反应,最终有机物被氧化为无害的二氧化碳和水,反应后的高温气体进行冷却,不凝气(主要为氮气、二氧化碳)和冷凝水分别达标排放。

7)南通阳鸿石化洗舱站

洗舱水首先通过浮油捕集器进行油水分离预处理,出水进入综合调节池,厌氧塔进行好氧生化处理后,通过沉淀作用分离泥水,最后进入排放池达标排放。

洗舱工艺全程采用智能结合人工的方式,减少人工进舱作业,提高工作的安全性,减少水和化学品的使用量,污水经处理后,部分污水满足回用水标准,回用于船舶洗舱。

4.2.3.3　最新洗舱水处理技术

很多研究者也针对船舶洗舱水研发了多项发明专利。例如,港口洗舱废水的处理方法,设计了依次经过调节池处理、生物流化床处理、臭氧曝气生物滤池一体化装置处理的技术方案,主要解决现有技术中易污染、经济性不好的问题。一种内电解法与生物法联合处理化学品洗舱水的方法及设备,设计了依次通过调节废水、进入平流式隔油池、进入气浮池、进入铁碳微电解反应床,进入MBR反应池的方法,具有处理工艺流程紧凑、操作简便等特点。船舶船载化压载水、洗舱水和含油废水的处理系统,依次通过管路连接废水储罐、旋流分离装置、一级气浮除油装置、一级蒸发器、冷凝器、二级气浮除油装置、厌氧硝化罐、生物膜反应器和产水罐、浓水储罐、二级蒸发器、废渣收集罐。该处理系统满足排海的国家排放标准,成本低、操作简单。一种基于光触媒膨润土复合材料的化学品洗舱水处理装置,通过优化光催化材料设计的处理装置,具有高效节能等特点。一种适用于船舶化学品洗舱水的处理装置,主要包括净化室和电解室,并装有离子发生器,阴、阳极离子板等,该装置能够增加洗舱水的接触反应,提高处理效率,并且不受气温和污染物成分的影响。

洗舱水处理的工艺较复杂,处理成本较高,大部分危险品码头和港口洗舱水接收船舶没有配备洗舱水处理设施,对接收后的洗舱水无法实施无害处理,只能送到污水处理厂进行处理。目前我国化学品洗舱水处理工艺不成熟,一般的污水处理厂并不能满足处理散化船洗舱水的要求,且易产生二次污染。

4.2.3.4 相关标准规范

根据《水运工程环境保护设计规范》(JTS 149—2018),化学品洗舱水处理工艺应根据废水的种类和性质确定,宜采用以下方法(图4-1)。

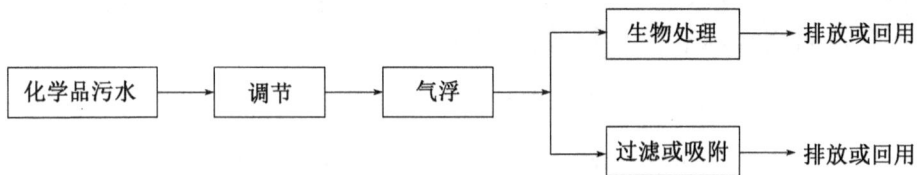

图4-1 化学品污水处理工艺流程

第5章
船舶洗舱水处置存在的问题及对策建议

5.1 存在的问题

5.1.1 内河洗舱及洗舱水处置相关政策法规与技术标准不完善

MARPOL 公约附则 II 对于原油和有毒液体物质的洗舱做了详细规定,提出了港口配置接收设备的原则和要求,并对部分有毒液体物质做了强制预洗的规定,国际航行船舶和沿海航行船舶的洗舱管理依据充分,技术细则明晰。MARPOL 公约要求最近陆地 12 海里以内的海域禁止排放含有毒液体物质的污水,并对 12 海里以外的排放做出了具体的要求。

2017 年修正的《水污染防治法》要求"禁止向水体排放油类、酸液、碱液或者剧毒废液。禁止在水体清洗装贮过油类或者有毒污染物的车辆和容器。并要求港口、码头、装卸站和船舶修造厂应当备有足够的船舶污染物、废弃物的接收设施"。

对于沿海船舶,可依据《船舶水污染物排放控制标准》(GB 3552—2018)中含有毒液体物质污水的排放控制要求。对于内河船舶,我国《防治船舶污染内河水域环境管理规定》《内河船检规则》等部门规章及文件中,均禁止船舶向内河水体排放含有有毒液体物质及其残余物的压载水、洗舱水或者其他混合物,要集中岸上处理。最新发布的

《船舶水污染物排放控制要求》(GB 3552—2018)要求含货油残余物的油污水自 2018 年 7 月 1 日起,收集并排入接收设施。

对于船舶污染物接收设施,目前相关标准包括:《港口、码头、装卸站和船舶修造、拆解单位船舶污染物接收能力要求》(JT/T 879—2013)、《港口和船舶污染物接收转运及处置设施建设方案编制指南》等。

目前存在如下问题。

(1)目前我国尚未出台船舶洗舱水处理排放相关标准,且尚无内河船舶强制预洗的规定和要求。对于洗舱站,码头建设和船舶洗舱作业等标准尚不完善。洗舱站建设涉及的管理部门较多,审批主管部门不够明确。

(2)海事部门基本未配置用于监测洗舱水水质情况的仪器,有关监测尚未常规化和制度化。目前也没有相关法律法规、部门规章、文件或标准要求船舶安装针对含有毒液体物质的污水(化学品洗舱水)的相关排放位置、流量、航速、速率的在线监控手段,无法实现精准管控。

(3)海事管理机构仅在船方申请洗舱作业后开展安全与防污染监督检查,而非主动督促船方积极开展洗舱作业。

5.1.2 洗舱及洗舱水处置管理机制仍需完善

在我国,海事部门具有监管船舶航行期间污染物排放、船舶在港卸货后扫舱、洗舱水接收上岸等职责。洗舱水在港口接收后交由港口管理部门负责,洗舱水处理后达标排放则由生态环境、环卫、城镇排水等主管部门依职责管理。目前,海事、环保与港口等管理部门未能统一协调,难以全程监管洗舱水的转运、处置和特征污染物达标排放等。

危化品船舶除更换货种需洗舱外,在进行中间检验、换证检验、大型维修及拆解时也可能进行洗舱作业,且存在一定的安全风险。

目前船检部门对船舶进行中间检验、换证检验时并未核查船舶是否在正规洗舱站进行了洗舱作业,对其相关情况,船检部门与海事部门也无沟通协调机制。

5.1.3　岸上洗舱和洗舱水接收设施不充足

1)码头接收设施配备不足

部分危险品码头未配备相应的洗舱水接收设施或对接收洗舱水的品种和数量估计不够,不能满足接收靠泊散化船洗舱水的要求;部分设有污水处理设施的码头作业单位,其设计初衷仅仅是满足环境保护部门对洗罐水和场地废水进行处理的要求,并非用于接收和处理散化船洗舱水,接收处理的能力不能满足需求。

2)港口接收设施配备不足

部分港口未配备专门的洗舱水接收船舶或接收船舶的能力不足,不能满足接收散化船洗舱水的要求,特别是不能满足船舶锚泊时的洗舱水接收。例如,内河散化船换载前需进行的洗舱一般在锚泊或航行时实施,考虑到船期、码头靠泊紧张等原因,内河散化船产生的洗舱水需接收,因此港口接收设施的不足将直接影响洗舱水的接收。

3)洗舱站站点和功能不完善

目前我国内河洗舱站总量少,且主要分布在上游河段,中下游相对较少;洗舱站功能不完善,仅重庆2座洗舱站具备化学品船舶洗舱能力。根据交通运输部发布的《布局方案》,到2020年共布局13处洗舱站,2025年布局17处洗舱站,目前长江洗舱站正在建设完善中。

5.1.4　洗舱水岸上无害化处理技术仍不成熟

洗舱水处理的工艺较复杂,处理成本较高,大部分危险品码头和港口洗舱水接收船舶没有配备洗舱水处理设施,对接收的洗舱水无法实施无害处理,只能送到污水处理厂进行处理,而一般的污水处理厂并不能满足处理散化船洗舱水的要求,易产生二次污染;有的码头和接收船舶防污意识淡薄,为节省处理费用或工作量,直接将接收的洗舱水排入水域,造成二次污染。

散化船洗舱水水质复杂,部分码头污水中可含化学品种类有15～20余种,主要包括烯烃类、芳香烃类、脂类、醇类、油类等,一些污染因子难以生化降解,港口现有的污水处理工艺大多难以满足排放标准。部分港口采用SBR或曝气生物滤池等生化法处理洗舱水,前置预处理采用隔油、气浮等物理措施,或者电催化氧化、臭氧氧化等工艺降低后续生化处理难度,后置工艺有砂滤或活性炭吸附等。这些工艺大多可有效降解化学需氧量,但一些特征污染因子,如苯系物生化降解效果较差,难以达到排放标准限值要求。散化码头可生化处理的废水来水量较少且间断产生,生化处理费用、设备维护费用较高。

含化学品污水的处理工艺及设备,目前正处于研究开发阶段,尚未形成标准化、系列化,水质的控制及处理方法、化学品的回收技术都有待进一步研究和开发。

5.1.5　洗舱水全过程监管尚未实现

目前,海事与环保等其他部门尚未建立信息沟通机制和渠道,船舶污染物的水陆衔接不畅。海事部门无法掌握污染物上岸后的去向及处置情况,环保、港航、环卫、水务等部门也无法掌握船舶污染物接收种类、数量。船舶污染物从接收到最终处置未能进行全过程监管,存在二次污染的可能性。此外,对于内河洗舱水的监督管理难度较大。例如,长江水量充沛、点多线长面广,洗舱水偷排行为取证难度较大。同时,由于海事执法力量所限,无法做到对所有的接收作业进行现场监督,因此亟待建立洗舱水全程监管机制和部门协调机制。

在监管手段上,对船舶污染物排放的监管主要采用文书检查方式,监测能力不足,尚未开展常态化排放监测工作。各港口城市正在逐步建立船舶污染物转移联单制度,但仍以纸质联单为主,电子联单等信息化监管手段应用有限。在监管模式上,多数港口城市依据《水污染防治行动计划实施情况考核办法》出台了联合监管制度,但部分地区尚未完全落实,未实现多部门互联互通。

为强化部门联合执法,共同打击船舶水污染物和危险废物非法转移处置行为,促进绿色发展,保护生态环境,交通运输部、生态环境部、住房和城乡建设部于 2019 年联合印发了《关于建立完善船舶水污染物转移处置联合监管制度的指导意见》(交办海〔2019〕15 号)。其中提出,对船舶水污染物转移处置各环节实施分类管理:在船上产生的,船舶应依法合规地分类、储存、排放或转移处置;通过港口或专门作业船舶接收后,由交通运输、海事部门根据职责实施管理;在岸上转移处置的,由生态环境、环卫、城镇排水等主管部门依职责管理。根据该意见,各部门要针对关键环节,联合建立全链条闭环管理机制,应用先进技术装备降低处置能耗与成本,加强信息平台整合和数据资源共享,提升联合监管能力。该文件的出台将指导和督促船舶水污染转移处置的联合监管,形成船舶水污染接收、转移和处置的全链条闭环管理,降低船舶水污染物非法排放及转移处置的风险,提升船舶污染防治工作水平。

5.2　对策与建议

5.2.1　完善内河洗舱及洗舱水处置技术标准

建议采取与英国、澳大利亚、中国香港等地类似的做法,针对有毒液体物质货物残余物和洗舱产物制定适合我国管理体制和港口特点的程序性规定。内容至少应包括:检查员的培训和资质认定要求,如明确由海事部门执法人员担任,或由海事部门认可的第三方人员担任,以及检查人员的能力水平要求;检查员上船工作程序和检查结果反馈;船舶和船员履约义务;操作和记录要求;等等。

对于内河洗舱站,研究完善内河洗舱站码头相关建设标准,出台船舶强制预洗规定、洗舱作业标准规范等。借鉴莱茵河精细化管理模式,提高散装液体化学品船相关技术标准要求,推动船舶进站洗舱和洗舱水上岸处理,促使长江洗舱站建设运行、船舶洗舱规范化发展,为加强监管提供依据支撑。建立船舶分货类分货种的卸货、扫舱、清洗舱程序和技术要求,覆盖干散货和液体货物的含货物残余物的洗舱水、雨水、压载水接收管理。

在相关技术标准、配套政策尚未出台的情况下,应参照执行液体危化品相关标准,规范洗舱及洗舱水接收等作业程序,并明确设施配备要求,严格进入门槛,以确保安全有序发展。

5.2.2　完善洗舱及洗舱水处置管理机制

强化监测和监管能力建设,完善船舶洗舱水监测、监管机制。对洗舱水进行跟踪管理,严格落实船舶洗舱水接收、转运及处置多部门联合监管制度,海事管理机构、港口管理机构、环境保护部门均有相应的管辖权,做好相互之间的衔接,形成有效的管理链,建立沟通协商机制,实施联合检查和联合执法,实现信息共享。建立完善船舶洗舱水接收、转运、处置监管联单制度,对联单制度全流程实施监管,保证船舶污染物接收、转运、处置的高效衔接。

各级交通运输主管部门要充分利用好国家已有相关政策,积极争取资金与政策支持,研究制定洗舱站建设和运营的资金补助等具体扶持政策,鼓励社会资本投入。目前国家发改委对长江洗舱站建设有补贴,建议其他内河流域开展洗舱站布局规划编制,积极争取地方政府财政补贴。

5.2.3 推进岸上洗舱和洗舱水接收设施

根据港口码头分布情况、船舶到港类型和数量等,分类推进船舶污染物接收能力建设。沿海港口船舶流量较大、污染物接收需求旺盛,可维持现有以市场自发形成的第三方接收单位为主的接收模式。

内河港口船舶污染物接收需求量较少,推荐采用政府补贴运营、第三方接收为主的接收模式,鼓励有条件的地区实施免费接收。对于港口码头较为集中的区域,可依托第三方接收单位接收。对于码头分布较为分散、难以统一协调的,可考虑实行码头接收模式。

在具体建设中,应重点加强船舶化学品洗舱水接收能力建设。加强对各港口船舶排污量及污染物的特点的评估,建立足够的污染物接收设施。依据《水污染防治法》,港口、码头、装卸站和船舶修造厂所在地市、县级人民政府应当统筹规划建设船舶污染物、废弃物的接收、转运及处理处置设施。各级政府部门应当定期对港口停靠船舶的数量、运输货种及运量、洗舱水排放量进行评估,统筹规划建设船舶洗舱水的接收、转运及处理处置设施。

5.2.4 加强洗舱水岸上无害化处理技术研究

目前,船舶化学品洗舱水的处理工艺及设备都处于研发阶段,尚未标准化、系列化。对于如何高效处理不同种类化学品洗舱水,国内外学者进行了大量的研究,但现有的处理工艺还存在很多缺陷。对于种类繁杂的散装化学品洗舱水,缺少针对性的处理技术。因此,开发高效、低耗的新型化学品洗舱水处置技术具有重要意义。建议研发化学品洗舱水陆上综合处理技术,洗舱水快速检测技术,加大对适合我国国情、高效、低耗和低成本的船舶洗舱水处理技术研发的支持力度,并鼓励新技术的推广应用。

5.2.5　实现洗舱水全过程监管

开展船舶洗舱水排放监测,加强对船舶洗舱水偷排漏排行为的监督检查,坚决制止和纠正违法违规行为,避免二次污染源的出现,防止对水域环境造成污染。研发洗舱水合规排放在线监控装备,研究船上安装的可行性。

此外,为使预洗作业满足公约要求,船舶应严格执行预洗的相关要求,认真做好预洗作业前的准备并按《程序与布置手册》落实预洗操作程序,确保预洗作业的有效实施。在现场检查过程中,应加强对预洗作业过程的有效监管,认真检查船方的作业前准备,监督作业过程,通过对预洗作业过程的有效监管促使预洗作业达到预期结果。

《行动方案》要求推进船舶污染物接收与处置船岸衔接,建立港口和船舶污染物接收、转运处置新机制,推动当地政府建立并实施船舶污染物接收、转运、处置联单制度。目前应确保船舶洗舱水送岸处置,建立并完善船舶污染物接收、转运、处置联单制度。尽快打通数据壁垒,加快推进涉及船舶污染物接收、转运、处置各环节的环保、港航、海事、环卫、水务等部门相关信息的共享。

附录 1

长江干线水上洗舱站布局方案

为贯彻新发展理念,落实生态文明和美丽中国建设要求,加快构建长江经济带绿色发展轴,完善长江危险化学品运输安全保障体系,特编制《长江干线水上洗舱站布局方案》。

一、洗舱站发展现状

(一)洗舱站基本现状。

洗舱站是清洗船舶液货舱的专用场所,包括码头、洗舱设备和洗舱水接收、处理或转运设施等。船舶洗舱有蒸舱、通风、洗舱、擦舱等环节,蒸舱时需采用专业设备进行高压热水作业,或使用化学清洗剂清洗。沿海危化品船舶大部分自带洗舱设备,一般不需要在洗舱站洗舱;内河危化品船舶绝大部分不带洗舱设备,为保证货品质量,以及防止不同货物之间的化学反应危及航行安全,货主一般要求船公司在更换不相容货物时进行洗舱,或采取专船专用运输。船舶检验维修以及拆船时按相关规定需要洗舱。目前,长江干线已建成 5 座洗舱站,分布在重庆、武汉、南京港,年洗舱能力 1250 艘次,2016 年实际洗舱约 520 艘次。

(二)危化品运输情况。

长江沿线是我国重要的石化产业带,石油化工品产量占全国 40% 以上。2016 年长江干线危化品水运量约 1.7 亿吨,较 2011 年年均增长 8.1%,其中油品(主要为原油、成品油)、液体化工品(主要为醇类、苯类、醋酸等)分别为 9000 万吨和 8000 万吨。2016 年长江干线港口完成危化品吞吐量近2亿吨,较2011年年均增长4.3%,沿线22个规模以上港口均有危化品装卸业务,其中南京以下港口危化品吞吐量约占80%。长江干线危化品运输内河船舶大型化趋势明显,2016年共3006艘,平均吨位1070吨,较2011年分别减少1367艘、增加581吨。

(三)存在的问题。

1.洗舱站站点和功能不完善。洗舱站总量少,且主要分布在上游河段,中下游相对较少;洗舱站功能不完善,仅重庆2座洗舱站具备化学品船舶洗舱能力。

2.洗舱市场不成熟。洗舱站建设运营成本和收费较高,船舶进站洗舱的意愿不强,洗舱站能力利用率不高。

3.相关规范标准不完善。尚无内河船舶强制预洗的规定和要求,洗舱站码头建设和船舶洗舱作业等标准尚不完善。洗舱站建设涉及的管理部门较多,审批主管部门不够明确。

4.监督管理难度较大。长江水量充沛、点多线长面广,洗舱水偷排行为取证难度较大,亟待建立洗舱水全程监管机制和部门协调机制。

二、发展趋势

(一)危化品运输发展趋势。

根据《石化产业规划布局方案》(发改产业〔2014〕2208号)和《石油和化学工业发展规划(2016—2020年)》(工信部规〔2016〕318号),未来一段时期长江沿线地区石油及化工产业将进一步优化提升和集聚高效发展,适应生态、绿色、安全发展要求。随着沿江管道建设和产业结构优化,长江危化品运输总量将趋于稳定,但结构将发生变化,预计原油水运量稳中趋降,成品油和液体化工品水运量稳中有升。预测2020年、2025年长江干线危化品水运量分别为1.9亿吨、2.2亿吨;长江干线危化品港口吞吐量分别为2.2亿吨和2.4亿吨。

(二)洗舱需求预测。

长江干线洗舱需求主要体现在以下两方面:

一是换装不同危化品货种的洗舱需求。随着沿江石化产业向规模化集中化发展以及船舶大型化带来的船舶总艘次下降,预计到2025年长江危化品船舶换装洗舱需求增速有所放缓。但考虑到既有专船专用模式需空载返航影响运输企业经济效益,在未来洗舱能力供给充足的情况下,部分船舶将通过洗舱进行换装其他危化品以提高经济效益,洗舱需求总量还将稳步增长。内河危化品船舶强制预洗制度推行后,将进一步扩大长江干线洗舱需求。综合以上因素,考虑装载货物与卸载货物一致或相容等强制预洗的免除条件,预测2020年、2025年长江干线换装危化品货种所产生的洗舱需求约6500艘次、6850艘次。

二是船舶上坞维修及检验的洗舱需求。根据相关规定,船舶上坞进行维修、检验及拆解等均需要洗舱。考虑当前长江危化品运输内河船舶数量和船龄情况,结合老旧船舶淘汰进程以及新建船舶规模等因素,预计2020年、2025年长江危化品船舶上坞所产生的洗舱需求约1300艘次、1250艘次。

综上,2020年、2025年长江危化品船舶洗舱需求为7800艘次、8100艘次。

(三)洗舱站发展方向。

进站洗舱是解决洗舱需求的主要方式。当前,长江干线洗舱需求主要通过洗舱站和船舶自洗设备满足。长江危化品船舶装备自洗设施具有一定技术可行性,但自洗后洗舱水排放的监管存在较大难度,应引导船舶在洗舱站集中解决洗舱需求。

洗舱站服务能力逐步完善。目前,受工艺水平、技术装备等限制,长江干线单个洗舱站年处理能力约300艘次,洗舱及洗舱水接收处理的服务品种不全。随着技术水平提升和洗舱需求增长,未来洗舱站服务能力和服务品种也将逐步完善,单个洗舱站年处理能力可达到400艘次以上。

三、布局方案

（一）布局要求。

生态优先，安全发展。落实长江经济带"共抓大保护，不搞大开发"理念和交通运输绿色发展要求，适应长江干线危化品运输以及危化品换装洗舱发展需求，合理增加洗舱站数量，完善服务功能，提供安全便捷、高效经济的洗舱服务。

统筹协调，有效衔接。长江干线洗舱站应布置在化工园区、修造船厂、危化品船舶锚地等洗舱需求集中的区域附近和具备化学品洗舱水处理能力的大型化工企业或园区附近。洗舱站应尽量远离中心城区和人口集聚区，并与城市建设、土地利用、产业布局等相关规划充分衔接。

需求导向、合理布局。长江干线洗舱站的布局选址、规模能力、服务功能应与长江干线各区段危化品运量、港口吞吐量、危化品换装量等相适应，兼顾空间分布均衡，合理安排不同区段的危化品洗舱能力，避免重复建设，促进资源节约利用并形成规模效益。

（二）布局方案。

根据沿江港口危化品吞吐量、长江危化品船舶换装需求以及大型石化产业园布局等发展态势，统筹考虑港区服务功能及修造船厂分布等因素，到2020年共布局13处洗舱站，年设计总能力将达到7800艘次。从上游至下游布局分别为：重庆港2处、能力为1200艘次/年，宜昌港1处、能力为600艘次/年，岳阳港1处、能力为600艘次/年，武汉港2处、能力为1200艘次/年，九江港1处、能力为600艘次/年，安庆港1处、能力为600艘次/年，南京港2处、能力为1200艘次/年，江阴港1处、能力为600艘次/年，南通港2处、能力为1200艘次/年。

2025年，按照完善区域洗舱服务能力以及适当加密的原则新增泸州港1处、能力为300艘次/年，南京港1处、能力为300艘次/年，镇江港1处、能力为600艘次/年，泰州港1处、能力为600艘次/年，年设计总能力9600艘次。在洗舱需求增长较快区域可适时研究新增洗舱站点。

洗舱站码头应与城市公共转运、处置设施有效衔接。长江干线水上洗舱站布局方案和港区选址建议见附件。

四、保障措施

（一）研究制定相关技术规范。

研究完善内河洗舱站码头相关建设标准，出台船舶强制预洗规定、洗舱作业标准规范等，推动船舶进站洗舱和洗舱水上岸处理，促使长江洗舱站建设运行、船舶洗舱规范化发展，为加强监管提供依据支撑。在相关技术标准、配套政策尚未出台的情况下，应参照执行液体危化品相关标准，规范洗舱及洗舱水接收等作业程序，并明确设施配备要求，严格进入门槛，以确保安全有序发展。

（二）加大政策支持力度。

各级交通运输主管部门要充分利用好国家已有相关政策，积极争取资金与政策支持，研究制定洗舱站建设和运营的资金补助等具体扶持政策，鼓励社会资本投入。

（三）加快推进前期工作。

各级交通运输主管部门应积极支持项目业主加快推进洗舱站建设前期工作，根据本布局方案，保障洗舱站港口岸线使用需求，布局在已规划危化品港区的，可直接开展相关前期工作。具体各个港口洗舱站码头选址，应满足船舶通航安全管理、航道通航条件影响评价等要求，并与各地区编制的《港口和船舶污染接收、转运及处置设施建设方案》相衔接。

（四）完善相关工作机制。

加强多部门协调，加快审批符合布局方案的洗舱站建设项目，保障洗舱站及时投入使用和正常运行。加强联合监管，建立船舶污染物转移联单制度，强化洗舱水产生、接收、转运及处置全链条监管模式，加强对违法违规行为的信用管理。

（五）建立健全相关法律法规。

尽快研究建立健全危化品船舶洗舱相关法律法规，规范危化品船舶换装不相容货种以及船舶进厂拆解、检修前的洗舱作业，依法管控和查处非法洗舱和偷排洗舱水等行为。

附件

长江干线水上洗舱站布局方案表

区段	港口	2020 年		2025 年		选址建议
		洗舱站（处）	洗舱能力（艘次/年）	洗舱站（处）	洗舱能力（艘次/年）	
上游	泸州港			1	300	龙江港区
	重庆港	2	1200	2	1200	涪陵港区、长寿港区
中游	岳阳港	1	600	1	600	陆城港区
	宜昌港	1	600	1	600	枝江港区
	武汉港	2	1200	2	1200	青山港区、阳逻港区
	九江港	1	600	1	600	城东港区
下游	安庆港	1	600	1	600	皖河口港区
	南京港	2	1200	3	1500	大厂港区、栖霞港区、仪征港区
	镇江港			1	600	高桥港区
	泰州港			1	600	泰兴港区
	江阴港	1	600	1	600	石利港区
	南通港	2	1200	2	1200	江海港区、如皋港区
总计		13	7800	17	9600	

注：洗舱需求增长较快区域可适时研究新增洗舱站点。

附录 2

船舶水污染物排放控制标准

（GB 3552—2018）

1 适用范围

本标准规定了船舶含油污水、生活污水的污染物排放控制要求和监测要求，含有毒液体物质的污水和船舶垃圾的排放控制要求，以及标准的实施与监督等内容。

本标准适用于中华人民共和国领域和管辖的其他海域内，船舶向环境水体排放含油污水、生活污水、含有毒液体物质的污水和船舶垃圾等行为的监督管理。本标准不适用于为保障船舶安全或救护水上人员生命安全所必须的临时性排放行为。

本标准适用于法律允许的污染物排放行为。在内河和其他特殊保护区域内船舶污染物排放的管理，按照《中华人民共和国环境保护法》《中华人民共和国水污染防治法》《中华人民共和国海洋环境保护法》《中华人民共和国防治船舶污染海洋环境管理条例》等法律法规中关于禁止倾倒垃圾、禁止排放有毒液体物质、禁止在饮用水源保护区排污、防止船载货物溢流和渗漏等具体规定执行。

2 规范性引用文件

本标准内容引用了下列文件或其中的条款。凡是注日期的引用文件，仅注日期的版本适用于本标准。凡是不注日期的引用文件，其最新版本（包括所有的修改方案）适用于本标准。

GB 6920	水质　pH 值的测定　玻璃电极法
GB 11893	水质　总磷的测定　钼酸铵分光光度法
GB 11901	水质　悬浮物的测定　重量法
GB/T 5750.11	生活饮用水标准检验方法　消毒剂指标
GB/T 5750.12	生活饮用水标准检验方法　微生物指标
HJ 505	水质　五日生化需氧量(BOD5)的测定　稀释与接种法
HJ 535	水质　氨氮的测定　纳氏试剂分光光度法
HJ 536	水质　氨氮的测定　水杨酸分光光度法
HJ 537	水质　氨氮的测定　蒸馏-中和滴定法
HJ 585	水质　游离氯和总氯的测定　N,N-二乙基-1,4-苯二胺滴定法
HJ 586	水质　游离氯和总氯的测定　N,N-二乙基-1,4-苯二胺分光光度法
HJ 636	水质　总氮的测定　碱性过硫酸钾消解紫外分光光度法
HJ 665	水质　氨氮的测定　连续流动-水杨酸分光光度法
HJ 666	水质　氨氮的测定　流动注射-水杨酸分光光度法
HJ 828	水质　化学需氧量的测定　重铬酸盐法
HJ/T 195	水质　氨氮的测定　气相分子吸收光谱法
HJ/T 199	水质　总氮的测定　气相分子吸收光谱法
HJ/T 347	水质　粪大肠菌群的测定　多管发酵法和滤膜法(试行)
CB/T 3328.1	船舶污水处理排放水水质检验方法　第1部分:耐热大肠菌群数检验法
CB/T 3328.5	船舶污水处理排放水水质检验方法　第5部

分:水中油含量检验法

JT/T 409　　　　船舶机舱舱底水、生活污水采样方法

《国际散装运输危险化学品船舶构造和设备规则》(IBC 规则)

《国际防止船舶造成污染公约》(MARPOL)

3　术语和定义

下列术语和定义适用于本标准。

3.1　船舶 ship

各类排水或者非排水船、艇、水上飞机、潜水器和移动式平台,不包括军事船舶。

3.2　总吨 gross tonnage

按照船舶适用的法定规则丈量和计算的、用于表征船舶容积的指标,无量纲。

3.3　内河 inland water

中华人民共和国领域内的河流、湖泊、水库等地表水体。

3.4　沿海 costal water

中华人民共和国管辖的海域。

3.5　环境水体 environment water bodies

内河和沿海。

3.6　含油污水 oily waste water

船舶运营中产生的含有原油、燃油、润滑油和其他各种石油产品及其残余物的污水,包括机器处所油污水和含货油残余物的油污水。

3.7　生活污水 sewage

船舶上主要由人员生活产生的污水,包括:

a)任何形式便器的排出物和其他废物;

b)医务室(药房、病房等)的洗手池、洗澡盆,以及这些处所排水孔的排出物;

c)装有活的动物处所的排出物;

d)混有上述排出物或废物的其他污水。

3.8　有毒液体物质 noxious liquid substances

对水环境或者人体健康有危害或者会对水资源利用造成损害的物质,包括在《国际散装运输危险化学品船舶构造和设备规则》(IBC规则)的第17或18章的污染物种类列表中标明的,或者根据《国际防止船舶造成污染公约》(MARPOL)附则 II 第6.3条暂时被评定为 X 类、Y 类或 Z 类物质的任何物质。其中:

a)X 类物质是指对海洋资源或人体健康产生重大危害、禁止排入环境水体的物质;

b)Y 类物质是指对海洋资源或人体健康产生危害、或对海上休憩环境或其他合法利用造成损害、需严格限制排入环境水体的物质;

c)Z 类物质是指对海洋资源或人体健康产生的危害较小、限制排入环境水体的物质。

3.9　含有毒液体物质的污水 waste water containing noxious liquid substances

船舶由于洗舱等活动产生的含有毒液体物质的污水。

3.10　船舶垃圾 garbage from ships

产生于船舶正常营运期间,需要连续或定期处理的废弃物,包括各种塑料废弃物、食品废弃物、生活废弃物、废弃食用油、操作废弃物、货物残留物、动物尸体、废弃渔具和电子垃圾(具体内容见本标准附录 A)以及废弃物焚烧炉灰渣,《国际防止船舶造成污染公约》(MARPOL)附则I、II、III、IV、VI所适用的物质除外,也不包括以下活动过程中的鱼类

(含贝类)及其各部分:

　　a)航行过程中捕获鱼类(含贝类)的活动;

　　b)将鱼类(含贝类)安置在船上水产品养殖设施内的活动;

　　c)将捕获的鱼类(含贝类)从船上水产品养殖设施转移到岸上加工运输的活动。

3.11　危害海洋环境物质 substances harmful to marine environment

《国际防止船舶造成污染公约》(MARPOL)附则Ⅴ的实施导则(MEPC.219(63)决议)中规定的对海洋环境有害的物质。

3.12　最近陆地　the nearest land

与所在位置最近的领海基线。

3.13　接收设施 reception facility

接收船舶污水和垃圾的设施,包括水上接收设施和岸上专用接收设施。

3.14　建造 construction

制造船舶活动已完成安放龙骨或类似阶段的工作。类似阶段是指装配量至少已达到50t或全部结构材料估算重量的1%。

4　含油污水排放控制要求

4.1　船舶含油污水的排放控制要求按表1规定执行。

船舶含油污水排放控制要求　　　　　　　　　　　表1

污水类别	水域类别	船舶类别	排放控制要求
机器处所油污水	内河	2021年1月1日之前建造的船舶	自2018年7月1日起,按本标准4.2执行或收集并排入接收设施
		2021年1月1日及以后建造的船舶	收集并排入接设施

污水类别	水域类别	船舶类别		排放控制要求
机器处所油污水	沿海	400 总吨及以上船舶		自 2018 年 7 月 1 日起,按本标准 4.2 执行或收集并排入接设施
		400 总吨以下船舶	非渔业船舶	自 2018 年 7 月 1 日,按本标准 4.2 执行或收集并排入接设施
			渔业船舶	(1)自 2018 年 7 月 1 日起至 2020 年 12 月 31 日止,按本标准 4.2 执行; (2)自 2021 年 1 月 1 日起,按本标准 4.2 执行或收集并排入接收设施
含货油残余物的油污水	内河	全部油船		自 2018 年 7 月 1 日起,收集并排入接收设施
	沿海	150 总吨及以上油船		自 2018 年 7 月 1 日起,收集并排入接收设施,或在船舶航行中排放, 并同时满足下列条件: (1)油船距最近陆地 50 海里以上; (2)排入海中油污水含油量瞬间排放率不超过 30 升/海里; (3)排入海中油污水含油量不得超过货油总量的 1/30000; (4)排油监控系统运转正常
		150 总吨以下油船		自 2018 年 7 月 1 日起,收集并排入接收设施

4.2　机器处所油污水污染物排放控制按表 2 规定执行,排放应在船舶航行中进行。

船舶机器处所油污水污染物排放限值　　　　表 2

污染物项目	限值	污染物排放监控位置
石油类(mg/L)	15	油污水处理装置出口

5　生活污水排放控制要求

5.1　自2018年7月1日起,400总吨及以上的船舶,以及400总吨以下且经核定许可载运15人及以上的船舶,在不同水域船舶生活污水的排放控制分别按5.1.1和5.1.2的要求执行。

5.1.1　在内河和距最近陆地3海里以内(含)的海域,船舶生活污水应采用下列方式之一进行处理,不得直接排入环境水体:

a)利用船载收集装置收集,排入接收设施;

b)利用船载生活污水处理装置处理,达到5.2规定要求后在航行中排放。

5.1.2　在距最近陆地3海里以外海域,船舶生活污水污染物排放控制按表3规定执行。

距最近陆地3海里以外海域船舶生活污水排放控制要求　　表3

水域	排放控制要求
3海里<与最近陆地间距离≤12海里的海域	同时满足下列条件: (1)使用设备打碎固形物和消毒后排放; (2)船速不低于4节,且生活污水排放速率不超过相应船速下的最大允许排放速率
与最近陆地间距离>12海里的海域	船速不低于4节,且生活污水排放速率不超过相应船速下的最大允许排放速率

5.2　在内河和距最近陆地3海里以内(含)的海域,根据船舶类别和安装(含更换)生活污水处理装置的时间,利用船载生活污水处理装置处理的船舶生活污水分别执行相应的污染物排放限值。

5.2.1　在2012年1月1日以前安装(含更换)生活污水处理装置的船舶,向环境水体排放生活污水,其污染物排放控制按表4规定执行。

船舶生活污水污染物排放限值(一)　　　表4

序号	污染物项目	限值	污染物排放监控位置
1	五日生化需氧量(BOD$_5$)（mg/L）	50	生活污水处理装置出水口
2	悬浮物(SS)（mg/L）	150	
3	耐热大肠菌群数(个/L)	2500	

5.2.2　在2012年1月1日及以后安装(含更换)生活污水处理装置的船舶,向环境水体排放生活污水,其污染物排放控制按表5规定执行,应执行5.2.3排放控制要求的船舶除外。

船舶生活污水污染物排放限值(二)　　　表5

序号	污染物项目	限值	污染物排放监控位置
1	五日生化需氧量(BOD$_5$)（mg/L）	25	生活污水处理装置出水口
2	悬浮物(SS)（mg/L）	35	
3	耐热大肠菌群数(个/L)	1000	
4	化学需氧量(COD$_{Cr}$)（mg/L）	125	
5	pH值(无量纲)	6~8.5	
6	总氯(总余氯)（mg/L）	<0.5	

5.2.3　在2021年1月1日及以后安装(含更换)生活污水处理装置的客运船舶,向内河排放生活污水,其污染物排放控制按表6规定执行。

船舶生活污水污染物排放限值(三)　　　表6

序号	污染物项目	限值	污染物排放监控位置
1	五日生化需氧量(BOD$_5$)（mg/L）	20	生活污水处理装置出水口
2	悬浮物(SS)（mg/L）	20	
3	耐热大肠菌群数(个/L)	1000	
4	化学需氧量(COD$_{Cr}$)（mg/L）	60	
5	pH值(无量纲)	6~85	

续上表

序号	污染物项目	限值	污染物排放监控位置
6	总氯(总余氯)(mg/L)	<05	生活污水处理装置出水口
7	总氮(mg/L)	20	
8	氨氮(mg/L)	15	
9	总磷(mg/L)	1.0	

5.2.4 在2016年1月1日及以后安装(含更换)生活污水处理装置的船舶,若生活污水处理过程中由于工艺需求等被稀释,五日生化需氧量、悬浮物、化学需氧量、总氮、氨氮、总磷的水污染物排放浓度按下式换算,耐热大肠菌群数、pH值和总氯(总余氯)仍以实测浓度作为水污染物排放浓度。

$$\rho = \frac{Q_e}{Q_i} \cdot \rho_实 \qquad (式1)$$

式中:ρ ——指水污染物排放浓度,mg/L;

$\rho_实$——指水污染物实测浓度,mg/L;

Q_i——指进入生活污水处理装置进行处理的生活污水的流量,m³/d;

Q_e——指混入稀释水后,生活污水处理装置的出水流量,m³/d。

5.3 在饮用水水源保护区内,不得排放生活污水,并按规定对控制措施进行记录。

6 含有毒液体物质的污水排放控制要求

6.1 船舶在沿海排放含有毒液体物质的污水,按表7规定执行。

6.2 在沿海的船舶按规定程序卸货,并按规定预洗、有效扫舱或通风后,含有毒液体物质的污水排放应同时满足下列条件:

a)在距最近陆地12海里以外(含)且水深不少于25米的海域排放;

b)在船舶航行中排放,自航船舶航速不低于7节,非自航船航速

115 ◀

不低于 4 节;

c)在水线以下通过水下排出口排放,排放速率不超过最大设计速率。

含有毒液体物质的污水排放控制要求　　表 7

污水中含有以下任何种有毒液体物质	排放控制要求
(1) X 类物质; (2) Y 类物质中的高黏度或凝固物质; (3)未按规定程序卸货的 Y 类物质; (4)未按规定程序卸的 Z 类物质。	如不能免除预洗,船舶在离开卸货港前应按规定程序预洗,预洗的洗舱水应排入接收设施. 其中, X 类物质应预洗至浓度小于或等于 0.1%(质量百分比),浓度达到要求后应将舱内剩余的污水继续排入接收设施,直至该舱排空。预洗后,再向该船注水产生的含有毒液体物质的污水排放按本标准 6.2 执行
(1)按规定程序卸货的 Y 类物质; (2)按规定程序卸货的 Z 类物质。	按本标准 6.2 执行;对于 2007 年 1 月 1 日之前建造的船前,含 Z 类物质或暂定为 Z 类物质的污水排放,可免除 6.2c)中在水线以下通过水下排出口排放的要求

7　船舶垃圾排放控制要求

7.1　内河禁止倾倒船舶垃圾。在允许排放垃圾的海域,根据船舶垃圾类别和海域性质,分别执行相应的排放控制要求。

7.1.1　在任何海域,应将塑料废弃物、废弃食用油、生活废弃物、焚烧炉灰渣、废弃渔具和电子垃圾收集并排入接收设施。

7.1.2　对于食品废弃物,在距最近陆地 3 海里以内(含)的海域,应收集并排入接收设施;在距最近陆地 3 海里至 12 海里(含)的海域,粉碎或磨碎至直径不大于 25 毫米后方可排放;在距最近陆地 12 海里以外的海域可以排放。

7.1.3　对于货物残留物,在距最近陆地 12 海里以内(含)的海域,应收集并排入接收设施;在距最近陆地 12 海里以外的海域,不含危害海洋环境物质的货物残留物方可排放。

7.1.4　对于动物尸体,在距最近陆地12海里以内(含)的海域,应收集并排入接收设施;在距最近陆地12海里以外的海域可以排放。

7.1.5　在任何海域,对于货舱、甲板和外表面清洗水,其含有的清洁剂或添加剂不属于危害海洋环境物质的方可排放;其他操作废弃物应收集并排入接收设施。

7.2　在任何海域,对于不同类别船舶垃圾的混合垃圾的排放控制,应同时满足所含每一类船舶垃圾的排放控制要求。

8　监测要求

8.1　船舶机器处所油污水和生活污水的采样按JT/T 409执行。

8.2　船舶机器处所油污水和生活污水的污染物测定采用表8所列的方法标准。

船舶机器处所油污水和生活污水污染物测定方法标准　　表8

序号	污染物项目	监测方法标准名称	标准编号
1	化学需氧量（COD_{Cr}）	水质　化学需氧量的测定　重铬酸盐法	HJ 828
2	五日生化需氧量（BOD_5）	水质　五日生化需氧量（BOD_5）的测定　稀释与接种法	HJ 505
3	悬浮物(SS)	水质　悬浮物的测定　重量法	GB 11901
4	耐热大肠菌群数	生活饮用水标准检测方法　微生物指标	GB/T 5750.12
		水质　粪大肠菌群的测定　多管发酵法和滤膜法(试行)	HJ/T 347
		船舶污水处理排放水水质检验方法　第1部分:耐热大肠菌群数检验法	GB/T 3328.1
5	pH 值	水质　pH 值的测定　玻璃电极法	GB 6920

续上表

序号	污染物项目	监测方法标准名称	标准编号
6	石油类	船舶污水处理排放水水质检验方法　第5部分:水中油含量检验法	GB/T 3328.5
7	总氯（总余氯）	生活饮用水标准检验方法　消毒剂指标	GB/T 5750.11
		水质　游离氯和总氯的测定　N,N-二乙基-1,4-苯二胺滴定法	HJ 585
		水质　游离氯和总氯的测定　N,N-二乙基-1,4-苯二胺分光光度法	HJ 586
8	总氮	水质　总氮的测定　气相分子吸收光谱法	HJ/T 199
		水质　总氮的测定　碱性过硫酸钾消解紫外分光光度法	HJ 636
9	氨氮	水质　氨氮的测定　气相分子吸收光谱法	HJ/T 195
		水质　氨氮的测定　纳氏试剂分光光度法	HJ 535
		水质　氨氮的测定　水杨酸分光光度法	HJ 536
		水质　氨氮的测定　蒸馏-中和滴定法	HJ 537
		水质　氨氮的测定　连续流动-水杨酸分光光度法	HJ 665
		水质　氨氮的测定　流动注射-水杨酸分光光度法	HJ 666
10	总磷	水质　总磷的测定　钼酸铵分光光度法	GB 11893

8.3　采用污染物排放监控位置的监测数据,作为判定排污行为达标与否的依据。

9　实施与监督

9.1　国务院环境保护主管部门负责对本标准的实施进行指导、协调和监督。

9.2　国家海事主管部门和国家渔业主管部门分别按照法律法规和本标准规定,对各类船舶排放水污染物行为实施监督管理。

附录 A

（规范性附录）

船舶垃圾分类

船舶垃圾分类表　　　　　　　　表 A.1

序号	类别	说明
1	塑料废弃物	含有或包括任何形式塑料的固体废物,其中包括合成缆绳、合成纤维渔网、塑料垃圾袋和塑料制品的焚烧炉灰
2	食品废弃物	船上产生的变质或未变质的食料,包括水果、蔬菜、奶制品、家禽、肉类产品和食物残渣
3	生活废弃物	船上起居处所产生的各类废弃物,不包括生活污水和灰水(洗碟水、淋浴水、洗衣水、洗澡水以及洗脸水等)
4	废弃食用油	废弃的任何用于或准备用于食物烹制或烹调的可食用油品或动物油脂,但不包括使用上述油进行烹制的食物
5	废弃物焚烧炉灰渣	用于垃圾焚烧的船用焚烧炉所产生的灰和渣
6	操作废弃物	船舶正常保养或操作期间在船上收集的或是用以储存和装卸货物的固态废弃物(包括泥浆),包括货舱洗舱水和外部清洗水中所含的清洗剂和添加剂,不包括灰水、舱底水或船舶操作所必需的其他类似排放物
7	货物残留物	货物装卸后在甲板上或舱内留下的货物残余,包括装卸过量或溢出物,不管其是在潮湿还是干燥的状态下,或是夹杂在洗涤水中。货物残留物不包括清洗后甲板上残留的货物粉尘或船舶外表面的灰尘
8	动物尸体	作为货物被船舶载运并在航行中死亡的动物尸体
9	废弃渔具	放弃使用的渔具,含布设于水面、水中或海底用于捕捉水生生物的实物设备或其部分部件组合
10	电子垃圾	废弃的电子卡片、小型电器、电子设备、电脑、打印机墨盒等

附录3

400 总吨以下内河船舶水污染
防治管理办法

第一章 总 则

第一条 为防治内河船舶污染水域环境,依据《中华人民共和国水污染防治法》《中华人民共和国防治船舶污染内河水域环境管理规定》《港口经营管理规定》等法律、法规和规章,制定本办法。

第二条 400 总吨以下内河船舶(以下简称船舶)产生的生活污水、垃圾、含油污水、残油(油泥)、含有毒液体物质的污水等水污染物的船上储存、处理、排放和送交港口、码头、装卸站的接收设施或者具有相应能力的接收单位(以下简称接收设施)接收的行为,适用本办法。

防治军事船舶、渔业船舶污染内河水域环境的监督管理工作,不适用本办法。

第三条 交通运输部主管全国船舶水污染防治工作。

交通运输部海事局统一负责全国船舶水污染防治的监督管理工作。

各级海事管理机构按照职责负责本辖区船舶水污染防治的监督管理工作。

各级交通运输(港口)管理部门负责所在地船舶污染物接收单位

的备案管理,督促港口经营人和接收单位加强船舶污染物接收设施建设。

第二章　一般规定

第四条　船舶水污染防治实行船上储存、交岸接收处置的原则。船舶不得违反法律、行政法规、标准、规范和交通运输部的规定向内河水域排放水污染物。不符合排放规定的船舶水污染物应当交由接收设施接收处理。

来自疫区船舶的垃圾、生活污水,应当经检疫部门检疫合格后,方可进行接收和处理。

第五条　禁止船舶向内河水域排放含货油残余物的油污水、残油(油泥)、含有毒液体物质的污水和船舶垃圾。

禁止船舶在饮用水水源保护区、京杭运河、漓江及其他要求禁止生活污水排放的水域排放生活污水。

禁止船舶在三峡库区、京杭运河、漓江及其他要求禁止机器处所油污水排放的水域排放机器处所油污水。

第六条　中国籍船舶防治污染的结构、设备、器材应当符合国家有关标准、规范,经船舶检验机构检验合格,并保持良好的技术状态。

船舶应当按照规定持有有效的防治船舶污染内河水域环境的证书、文书。

船舶应当规范使用防污染设施设备,加强日常维护,保持设施设备处于良好可用状态,不得擅自拆除、改动或者停用。

鼓励船舶安装在线监测装置对生活污水和机器处所油污水的产生和排放情况进行自动连续记录。

第七条　船舶进行涉及水污染物排放的作业,应当严格遵守操作规程,并在相应的记录簿上如实记录。

接收设施接收船舶交付的水污染物后,应当向船舶出具船舶水污染物转移书面单证或者电子单证。单证保留期限为 5 年。

第八条　鼓励船舶委托有资质的单位每年对生活污水和机器处所油污水处理装置出水实施取样检测,取得检测报告。检测报告显示出水污染物浓度超过《船舶水污染物排放控制标准》(GB 3552—2018)排放限值的,船舶应当采取措施恢复处理装置正常处理功能。

第九条　港口、码头、装卸站应当备有与到港船舶接收需求相适应的船舶水污染物接收设施,不得拒绝接收靠港船舶送交的垃圾、生活污水、含油污水。

从事船舶水污染物接收作业的单位应当具备与其运营规模相适应的接收处理能力,并按规定向所在地交通运输(港口)管理部门备案。

鼓励港口、码头、装卸站免费接收船舶生活污水、生活垃圾。

第十条　船员应当具有相应的船舶防污染专业知识和技能,熟悉船舶防污染要求,并按规定持有有效的适任证书、特殊培训合格证。

第三章　生活污水污染防治

第十一条　产生生活污水的船舶,应当设置防止生活污水污染水域的处理装置或者储存设施设备。经核定许可载运15人以下的船舶排放生活污水参照《船舶水污染物排放控制标准》(GB 3552—2018)执行。

第十二条　2020 年 6 月 1 日前建造且未设置生活污水防污染设施设备的船舶,应当在 2022 年 5 月 31 日前参照《内河船舶法定检验技术规则(2019)》的要求完成改造,并按规定经船舶检验机构检验合格。船舶改造鼓励采用以下方式之一:

(一)安装生活污水储存舱(柜)或者容器。舱(柜)应当具有足够容积以储存船舶产生的生活污水,并装有生活污水输送管系,该管系所配备的泵、管路和附件应当具备将生活污水粉碎后排往接收设施的能力。船长大于等于 5 米但小于 20 米的船舶可仅设置储存舱(柜)或者容器。

(二)安装生活污水打包收集设施(免冲)。该设施应当便于将打包后的生活污水送交接收设施。

船舶在生活污水防污染设施设备改造完成前,应当采取临时替代措施收集生活污水,严禁生活污水直排。

第十三条 已安装生活污水处理装置的船舶,其处理后的生活污水排放不能满足《船舶水污染物排放控制标准》(GB 3552—2018)要求的,经核定许可载运 15 人及以上的船舶,应当采取措施恢复处理装置正常处理功能,正常处理功能无法恢复的,应当在 2020 年 12 月 31 日前按照本办法第十二条的要求完成防污染改造;经核定许可载运 15 人以下的船舶,应当采取措施恢复处理装置正常处理功能,正常处理功能无法恢复的,应当在 2022 年 5 月 31 日前按照本办法第十二条的要求完成防污染改造。

第四章　船舶垃圾污染防治

第十四条 产生垃圾的船舶应当设置防止垃圾污染水域的收集储存或者预处理设施设备,将全部垃圾送交接收设施,并满足下列要求:

(一)船舶应当配备数量和容积满足垃圾分类收集和储存要求的收集装置;

(二)垃圾收集装置应当便于收集点、集中储存点及接收设施之间的搬运、交付操作;

(三)垃圾收集装置应当配备有盖,具有防渗漏、防倾倒和外溢功能,标识颜色醒目的分类图示;

(四)船长 12 米及以上的船舶应当设置垃圾告示牌,其他船舶应

当张贴内容等效的告示;

(五)船舶可根据垃圾产生量和航程情况设置垃圾压制装置或者厨余垃圾微生物处理装置,减少送岸处置垃圾量。

第十五条 船舶垃圾实行分类收集和储存,并建议满足下列分类要求:

(一)厨余垃圾;

(二)可回收垃圾,如塑料、金属、废纸等;

(三)有害垃圾,如含油垃圾、废电池、灯管等;

(四)其他垃圾,如烟头、一次性餐具等。

第十六条 客运船舶产生的剩油、剩菜、汤水等餐饮污水按厨余垃圾管理,船舶应当将其收集后送交接收设施。

含有毒有害物质或者其他危险成分的垃圾按有害垃圾管理,船舶应当将其送交具有相应能力的接收单位,并提前向接收单位提供其所含危险物质的名称、性质和数量等信息。

医务室垃圾按有害垃圾管理,船舶应当将其消毒后储存,并送交具有相应能力的接收单位。

含干散货货物残余物的垃圾按所含物质性质分类管理,船舶应当在离港前将其送交卸货港或者具有相应能力的接收单位。

垃圾压制装置压滤废水按压制前的垃圾类别管理,船舶应当将其打包收集并送交接收设施。

第十七条 100 总吨及以上的船舶以及经核定许可载运 15 人及以上且单次航程超过 2 公里或者航行时间超过 15 分钟的船舶,应当持有《船舶垃圾管理计划》和经海事管理机构签注的《船舶垃圾记录簿》,并将有关垃圾收集处理情况如实、规范地记录于《船舶垃圾记录簿》中。按规定无需配备《船舶垃圾记录簿》的船舶应当将有关垃圾收集处理情况如实记录于《航行日志》。

《船舶垃圾记录簿》应当随时可供检查,使用完毕后在船上保留 2 年。

第五章 机器处所油污水污染防治

第十八条 产生机器处所油污水的船舶应当设置防止机器处所油污水污染水域的处理装置或者储存舱(柜)或者容器。

未设置机器处所油污水防污染设施设备的船舶,应当立即按照《内河船舶法定检验技术规则(2019)》的要求完成改造,并按规定经船舶检验机构检验合格。船舶改造鼓励采用安装储存舱(柜)或者容器的方式,将机器处所油污水船上储存,交岸接收处置。

已安装机器处所油污水处理装置的船舶,其处理后的油污水排放不能满足《船舶水污染物排放控制标准》(GB 3552—2018)要求的,应当立即采取措施恢复处理装置正常处理功能,正常处理功能无法恢复的,应当立即按照本条前款的要求进行改造。

船舶在机器处所油污水防污染设施设备改造完成前,应当采取临时替代措施收集机器处所油污水,严禁机器处所油污水直排。

第十九条 2021年1月1日及以后建造的船舶应当具备机器处所油污水船上储存、交岸接收处置的功能,不得排放机器处所油污水。

第二十条 船舶应当将机器处所油污水处理、排放、送交接收设施情况如实、规范地记录。

150总吨及以上的油船、油驳应当记录于经海事管理机构签注的《油类记录簿》。150总吨以下的油船、油驳和非油船、非油驳的拖驳船队应当记录于《轮机日志》或者《航行日志》。

《油类记录簿》应当随时可供检查,使用完毕后在船上保留3年。

第六章 洗舱水污染防治

第二十一条 载运散装液体危险货物的船舶卸货完毕后,应当按照《船舶载运危险货物安全监督管理规定》进行洗舱并将洗舱水送交接收设施。

第二十二条 船舶应当将含货油残余物的油污水和含有毒液体物质残余物的污水送交接收设施。

第二十三条 船舶应当将含货油残余物的油污水和含有毒液体物质残余物的污水的相关操作,分别如实、规范地记录在经海事管理机构签注的《油类记录簿》和《货物记录簿》中。150 总吨以下的油船应将含货油残余物的油污水的相关操作如实、规范地记录于《航行日志》或者《轮机日志》中。

《油类记录簿》和《货物记录簿》应当随时可供检查,使用完毕后在船上保留 3 年。

第七章　监 督 管 理

第二十四条 海事管理机构应当加强现场监管,对船舶和相关单位、人员有违反本办法行为的,根据《中华人民共和国内河海事行政处罚规定》等规定给予相应的处罚。涉嫌构成犯罪的,依法移送司法机关。

海事管理机构应当加强船舶防污染设施设备配备、使用情况的监督检查,发现防污染设施设备未配备或者未保持正常使用的船舶,通报发证船舶检验机构和海事管理机构,责令改正,并依法严肃处罚。

交通运输(港口)管理部门和海事管理机构应当督促港航企业加快接收设施建设改造,对超过强制报废年限或者未持有有效检验证书的船舶,不得核发船舶营运证书或者通过年度审核。

交通运输(港口)管理部门应当将可利用的接收设施的相关信息向社会公布,定期通报给海事管理机构。交通运输(港口)管理部门应当加强监督检查,发现港口经营人拒不履行接收船舶水污染物责任的,记入不良信用记录。

第二十五条　港口经营人和船舶建立船舶水污染物船岸交接和联合检查制度,对无合理理由拒不送交、涉嫌偷排船舶水污染物的船舶,港口经营人可暂停装卸作业,并将有关情况报告当地海事管理机构;对港口经营人拒不接收靠港船舶水污染物或者接收能力不足的,船舶可将有关情况报告当地交通运输(港口)管理部门。

第二十六条　已完成承担行政职能的事业单位改革的,由交通运输主管部门承担本办法中海事管理机构的相关行政执法职能;已完成综合行政执法改革的,由交通运输综合行政执法机构承担海事管理机构的相关行政执法职能。

第二十七条　本办法自 2020 年 10 月 1 日起施行,有效期 5 年。

参考文献

[1] 陈思莉,汪晓军,李立,等.Fenton 试剂处理港口化学品洗舱废水[J].水资源保护,2008,24(3):62-65.

[2] 汪晓军,麦均生,钱宇章,等.港口液体化学品废水处理工程实例[J].中国给水排水,2009,25(4):67-70.

[3] 李楠,宋伦,邵泽伟,等.港口化学品废水控制对策分析及处理技术研究[J].中国水运,2017(10):113-115.

[4] 丛丛,汪晓军.臭氧-曝气生物滤池处理港口化学品洗舱废水[J].环境科学与技术,2009,32(10):141-144.

[5] 陈金合,慕晶霞.港口洗舱废水的处理方法:中国,CN107311390A[P].2017-11-03.

[6] 彭士涛,贾建娜,张凯磊.一种内电解法与生物法联合处理化学品洗舱水的方法及设备:中国,CN110921981A[P].2020-03-27.

[7] 王立伟,韩冰,薛华鑫,等.船舶船载化压载水、洗舱水和含油废水的处理系统:中国,CN207451881U[P].2018-06-05.

[8] 刘晨,陈荣昌.一种基于光触媒膨润土复合材料的化学品洗舱水处理装置:中国,CN208617421U[P].2019-03-19.

[9] 刘晨,陈荣昌.一种适用于船舶化学品洗舱水的处理装置:中国,CN208648991U[P].2019-03-26.